P. FROMAGEOT

LES
HOTELLERIES, CAFÉS
ET CABARETS
DE L'ANCIEN VERSAILLES

EXTRAIT
de la « Revue de l'Histoire de Versailles et de Seine-et-Oise ».

VERSAILLES
IMPRIMERIE AUBERT
6, Avenue de Sceaux, 6

1907

LES

HOTELLERIES, CAFÉS ET CABARETS

DE L'ANCIEN VERSAILLES

P. FROMAGEOT

LES
HOTELLERIES, CAFÉS
ET CABARETS
DE L'ANCIEN VERSAILLES

EXTRAIT
de la « Revue de l'Histoire de Versailles et de Seine-et-Oise ».

VERSAILLES
IMPRIMERIE AUBERT
6, Avenue de Sceaux, 6

1907

LES
HOTELLERIES ET CABARETS
DE L'ANCIEN VERSAILLES

Pendant plus d'un siècle, Versailles fut le rendez-vous d'innombrables visiteurs : diplomates étrangers en mission, provinciaux désireux de voir le Roi et la Cour, militaires en disponibilité, écrivains et artistes en quête d'une faveur ou d'une commande, hommes d'affaires à la poursuite d'une concession royale, ambitieux et curieux de tous les genres. Cette foule, sans cesse renouvelée, ayant à se nourrir et à se loger, l'industrie d'hôtelier-traiteur-cabaretier prit à Versailles une importance exceptionnelle. Les auberges publiques étant souvent insuffisantes, on loua des chambres chez les habitants, qui s'y prêtèrent si bien, qu'à la fin de l'ancien régime, la ville entière était devenue une vaste hôtellerie, où tout le monde tenait logements garnis; on donnait à boire et à manger, depuis le Roi dans son château jusqu'aux suisses des maisons particulières.

C'est un curieux chapitre de chronique locale que l'histoire des origines, de l'éclosion, du développement de cette industrie versaillaise, de ses progrès grandissant par étapes successives, depuis la création de la ville royale jusqu'à la Révolution, et enfin de sa décadence, sinon de sa disparition, à la chute de la royauté.

I

L'ancien Versailles, d'avant Louis XIV, avait pour patron saint Julien, auquel son église était vouée. Or, au temps de nos vieilles croyances, saint Julien, surnommé l'Hospitalier, était aussi le patron des aubergistes et avait la réputation de procurer un bon accueil aux voyageurs. On ne manquait pas en se mettant en route de réciter « l'oraison de saint Jullien », et l'on disait de celui qui trouvait un bon gîte, « qu'il avait l'ostel de saint Jullien ». Il semble donc que, sous cette bienfaisante invocation, le village de Versailles ait dû, dès l'origine, offrir aux voyageurs une excellente auberge.

En était-il réellement ainsi? — Un curieux document de 1525, publié par nous précédemment (1), prouve bien qu'à cette époque il y avait une auberge à Versailles, mais nous laisse des doutes sur sa qualité. Rappelons qu'une petite troupe commandée par le comte de Brenne, accompagné du prévôt des marchands de Paris et d'un échevin, s'était mise, le 25 juin 1525, à la poursuite d'une bande de malandrins signalée aux environs de Versailles. Parti de Paris le matin, le comte de Brenne crut devoir, en passant à Saint-Cloud, y acheter du pain, du vin et de la viande, ce qui permet de soupçonner qu'il craignait de n'en pas trouver à Versailles, où l'on fit halte deux heures après. Après avoir poussé ensuite jusqu'à Saint-Cyr et Guyancourt, la troupe revint passer la nuit à Versailles. Le comte de Brenne, le prévôt et l'échevin y soupèrent à l'auberge, mais préférèrent se loger au château, où ils se firent donner deux chambres. On acheta à un paysan, moyennant 20 sols tournois, un mouton entier pour la nourriture des soldats, qui campèrent à la belle étoile. Enfin, le lendemain, le comte de Brenne et ses deux compagnons dînèrent encore à l'auberge et soldèrent à l'hôtelier la note que voici :

A l'oste de la maison où ledit jour et le lendemain dinèrent mesdits sieurs le comte de Brenne, les Prévost des marchans et eschevin, et leurs gens et train, et auquel étaient logés leurs chevaux, tant pour pain, vin, lard à larder, bois, feu, sel, chandelle, linge, et *quatre poullets* par lui baillez, que pour la despense desdits chevaux A esté payé et baillé la somme de 9 livres 7 sols tournois.

Il est démontré par ce document qu'en 1525 il existait déjà une hôtellerie à Versailles, mais on ne saurait affirmer qu'elle était confortable et bien approvisionnée. Notons pourtant que le comte

---

(1) *Une Expédition de police à Versailles en* 1525 (*Revue de l'Histoire de Versailles et de Seine-et-Oise*, année 1899).

de Brenne y mangea du poulet, ce qui était une denrée de luxe ! Une ordonnance royale de 1564, édictée en vue de « reigler et modérer » les notes des hôteliers et cabaretiers, leur interdit même de servir de la volaille, et leur enjoignit « de ne vendre ni bailler à leurs hostes autres chairs que bœuf, mouton, veau et pourceau ».

Nous n'avons pas d'autres renseignements sur l'auberge de Versailles au XVIe siècle. Mais, en 1601, un commandement de Mre Loys Ferrand, bailli de ce lieu, poursuivant le paiement de ses fermages (1), nous apprend qu'il élisait domicile, ainsi que le procureur fiscal, « en l'hostel où pend pour enseigne l'Escu ». Il s'agissait, sans nul doute, de l'hôtellerie décorée de cet emblème, en exécution de l'ordonnance de 1577 qui avait enjoint à tous hôteliers et cabaretiers du royaume « de placer des enseignes au lieu le plus apparent de leurs maisons ».

Mentionnons, en passant, que cette première enseigne signalée à Versailles, *l'Ecu*, se balance encore aujourd'hui dans la rue des Chantiers, au-dessus de la porte d'une auberge, mais que la vieille plaque de tôle sur laquelle est grossièrement peinte une figure royale ne date certainement pas du XVIe siècle.

En 1601, l'unique auberge versaillaise était d'ailleurs en droit de se parer de l'écusson de France, car, plus d'une fois, dit-on, elle servit d'asile au roi Henri IV lorsqu'il s'attardait à la chasse dans les bois d'alentour. Elle le mérita bien mieux encore lorsque le jeune Louis XIII put se livrer presque chaque jour à sa passion favorite dans ces grandes forêts parsemées d'étangs, si favorables au gibier. A partir de 1620, le Journal du fidèle Héroard mentionne à maintes reprises que le Roi a chassé *et dîné* à Versailles. Or, c'était à l'auberge que Louis XIII et sa suite s'arrêtaient ainsi pour dîner, et, quoique Saint-Simon la traite de « très misérable cabaret », et de « méchant cabaret à rouliers », il y a lieu de penser que l'hôtelier de *l'Ecu*, recevant fréquemment cette visite auguste et lucrative, ne devait pas manquer de s'approvisionner largement en victuailles de toutes sortes.

(1) Archives de Seine-et-Oise. Pièces du bailliage. La plus grande partie des documents relatés ou visés dans cette étude proviennent de la même source et nous ont été fournis par M. Coüard, archiviste du département, qui, avec une obligeance inlassable, fait profiter tous les chercheurs de son expérience et de sa merveilleuse connaissance des richesses dont il est le gardien. Nous lui en exprimons à nouveau notre sincère gratitude.

On sait que, dès 1624, Louis XIII songea à se créer un domaine à Versailles et qu'il dut y commencer quelques constructions. Peu d'années après s'élevait un petit château, avec ses dépendances, écuries, chenil et logements du personnel. Le village prenait de l'importance ; des artisans s'y étaient fixés pour les travaux à faire ; des commerçants s'y étaient établis pour les besoins de cette nouvelle population. On remarque alors, dans les archives du bailliage, des mentions relatives à plusieurs hôtelleries. C'était, d'abord, toujours *l'Escu de France*, appartenant aux époux Javant qui, en 1640, donnaient à bail leur maison à Gilles Denis, leur successeur. A côté, s'était fondée l'*Hostellerie du Cygne*, mentionnée dès 1635, tenue par Claude Gourlier et Roberte Olivier, sa femme, qui paraissent avoir fait souche d'aubergistes à Versailles, comme nous le verrons. Puis, on rencontrait l'hôtel du *Croissant*, cédé en 1633 et repris plus tard par Jean Viellard, qui eut souvent maille à partir avec le bailliage. Enfin, il y avait *la Croix blanche*, tenue par la demoiselle Lemaire. Il devait exister encore d'autres auberges dont les enseignes ne nous sont pas indiquées, car on voit, par exemple, en novembre 1637, qu'une troupe de compagnons maçons, tous Limousins, travaillant au Château, étaient réunis en la maison du sieur Pinard où l'un d'eux fut attaqué par un nommé Fouquard, armé d'une épée, ce qui occasionna une plainte au bailli et l'audition de plusieurs témoins logés chez le susdit Pinard.

A cette époque, la clientèle habituelle des hôtelleries versaillaises n'était pas relevée. Sauf peut-être quelques courtisans invités aux chasses du Roi et forcés accidentellement de coucher à Versailles, les auberges n'étaient guère fréquentées que par les serviteurs de la maison royale, les ouvriers travaillant au Château, et des marchands forains. Aussi les relations et les discussions étaient-elles généralement assez brutales ! En février 1635, la femme Gourlier, qui tient l'hôtel du *Cygne*, ayant à se plaindre de Jehanne Toustain, femme du manouvrier Claude Maton, lui administre une volée de coups de bâton devant la porte de son hôtel. Plainte au bailli par les époux Maton. Huit jours après, Claude Gourlier suit l'exemple de sa femme, en donnant à son tour, à Claude Maton lui-même, une autre volée de coups de bâton, au beau milieu de la Grande-Rue, devant la maison du forgeron. Le battu veut, de son côté, tirer vengeance de l'hôtelier et il s'en prend à François Lerouge, marchand logé chez ce dernier ; il l'apostrophe, l'injurie et le frappe devant la porte de l'hôtellerie du *Cygne*. Lerouge ayant riposté, tous deux sont envoyés à la prison, puis bientôt relâchés.

Les scènes de ce genre n'étaient pas rares, et l'on en trouve de nombreux exemples dans les archives du bailliage de 1630 à 1660.

Mais si, durant cette période, le bailli de Versailles fut souvent appelé à juger les aubergistes et leurs hôtes à propos de leurs querelles, on ne trouve aucune sentence rendue par lui pour contravention aux règlements de police sur les hôtelleries et cabarets. Cependant, une série d'ordonnances, édits et arrêts du Parlement de 1533, 1563, 1577, 1578, 1579, 1582, 1598, 1635, etc., avaient multiplié les prescriptions en cette matière, ordonné notamment que tous individus tenant chambres garnies devraient faire connaître les noms, professions et domiciles de leurs hôtes, et interdit « de loger ni recevoir de jour ni de nuit aucunes personnes que celles de bonne vie et bien famez ». L'absence complète de procès-verbaux, poursuites, condamnations, contre les hôteliers et cabaretiers de Versailles porte à croire qu'au temps de Louis XIII, et même plus tard, la police versaillaise n'exigeait d'eux aucunes formalités pour la tenue de leurs établissements, et y exerçait peu de surveillance.

II

En 1661 commencent les grands travaux du Château. Une armée d'ouvriers envahit le village de Versailles. Ils se logent d'abord un peu partout, dans les auberges et chez les habitants. Puis, comme les maisons ne suffisent pas, on construit en hâte, aux environs des chantiers, des baraques en bois où couchent et mangent terrassiers, manœuvres, maçons et charpentiers. C'est une population grossière où les discussions dégénèrent vite en disputes et en rixes violentes. Aussi, les garnis et les cabarets sont-ils souvent le théâtre de batailles où la police intervient tardivement.

Les hôtelleries sont pleines, et cette affluence fait naître des conflits qui se dénouent devant le bailli. En 1661, c'est à *l'Ecu de France*, tenu maintenant par Christophe Laniel, et au *Cygne*, tenu par Gosselin, que des contestations s'élèvent entre particuliers qui y sont logés. En 1662, à *la Croix blanche*, un marchand de Villepreux, qui y est descendu, se plaint de ce que son cheval a été blessé dans l'écurie trop encombrée. En 1663, discussion entre voyageurs au même hôtel de *la Croix blanche;* poursuites, à la requête du procureur du Roi, contre Jean Viellard et sa femme, propriétaires de l'auberge et du cabaret du *Croissant*, en paiement de livraison de vin.

A partir de 1670, sur le désir de Louis XIV, et grâce aux dons de places à bâtir et aux privilèges exceptionnels dont sont gratifiés les propriétaires versaillais, une ville neuve se construit. Alors apparaissent de nouvelles hôtelleries qui s'ouvrent dans la Grande-Rue ou rue de Paris (rue de la Paroisse actuelle) et aux abords de la place du Marché. C'est *le Lion d'or*, tenu par Pierre Faunes qui vient, en août 1670, déclarer au bailli qu'un tailleur de pierre a cherché querelle à un de ses locataires, nommé Bresson, et l'a frappé si violemment que celui-ci en est mort. C'est *l'Image Notre-Dame*, devant laquelle plusieurs compagnons charpentiers se sont livré bataille à la nuit tombante, à coups de règles; il y a eu effusion de sang; l'un des combattants est conduit en prison. C'est le cabaret de François de Romond dit Lafleur, qui loge aussi de nombreux ouvriers. En novembre 1670, Gilles Noé, arrivant de Paris pour travailler au Château, avec un camarade, demande une chambre à Lafleur après souper. On donne aux deux amis un grenier où ils s'installent pour la nuit. Mais, vers onze heures ou minuit, survient un tailleur de pierre, Jean Frémont, qui prétend que ce logis lui appartient et veut les faire déguerpir à coups de règle. Finalement, ce Frémont est mené à la prison et condamné à payer à Noé une indemnité de 40 livres à titre de provision.

En 1671, l'hôtel du *Pélican*, tenu par Guillaume Mauvier sur la place du Marché, est fréquenté par les pages et les mousquetaires, qui y font bombance. Ils vont parfois trop loin dans leurs galanteries avec les servantes, car, le 15 septembre, l'hôtelier dépose une plainte en tentative de viol contre un page et plusieurs mousquetaires. Il est vrai que ceux-ci s'excusent en soutenant que la servante leur a donné un coup de broche. Le bailli classe l'affaire sans autres suites. Vers la même époque, une dispute violente a lieu entre la femme du cabaretier Charles Bouchon et celle du boucher Papin, à propos d'une marmite vendue ou mise en gage. Enfin, à l'hôtel de *la Croix blanche* et dans les baraques construites dans le Parc, près du Grand Canal et à Trianon, des rixes fréquentes se produisent, en 1671 et 1672, entre ouvriers maçons, terrassiers et charpentiers.

Après l'année 1672, les travaux entrepris au Château sont moins importants et les ouvriers moins nombreux. Mais la ville se peuple, le Roi et la Cour font à Versailles de longs séjours; les curieux commencent à affluer, les hôtelleries ne désemplissent pas. On voit alors, de 1672 à 1682, éclore une série d'auberges et cabarets dans les environs du marché, rue de Paris et rue Dauphine, aux enseignes de : *la Branche d'or*, *l'Aigle d'or*, *le Pavillon royal*, *le Cygne royal*, *la Croix rouge*, *le Grand Cerf*, *l'Image Saint-Joseph*, *la Fleur de Lys couronnée*, *le Cadran bleu*, *le Chapeau rouge*, *l'Image Saint-Louis*, *l'Hôtel de Picardie*, *le Gros Raisin*, *le Panier fleuri*, *la Bannière*, *l'Image Saint-Jérôme*, *le Grand Amiral*, *la Hure couronnée*, *les Bons Garçons*, *les Trois Cornettes*, *le Marteau d'or*, *les Trois Couronnes*, *l'Image Saint-Martin*, sans préjudice des anciennes hôtelleries que nous connaissons déjà, comme *l'Ecu de France*, *la Croix blanche*, *le Croissant* et autres, qui subsistent toujours, mais qui, pour la plupart, ont quitté les maisons du vieux Versailles pour venir s'installer dans la ville neuve.

Les incidents judiciaires dont les archives du bailliage nous ont conservé le souvenir montrent que la clientèle de ces nombreux établissements était un peu plus relevée que précédemment. En 1672, il s'agit d'une dispute entre voyageurs à propos de leurs chevaux trop nombreux dans une écurie. En 1673, deux maîtres chirurgiens, Pierre Morvan et Nicolas Rouppin, ont pris collation au cabaret des époux Gaumont, qui leur présentent une note de 29 sols. Maître Pierre Morvan ayant refusé de payer en soutenant qu'il était, de son côté, créancier de somme plus forte pour fourniture de médicaments aux époux Gaumont, ceux-ci se jettent sur lui, « le prennent par la cravate », et le frappent si violemment qu'il a « le bras droit disloqué ». Une information est ouverte sur cet attentat.

En 1674, Pierre Odry, officier du duc de Montausier, fait élection de domicile à l'hôtel de *la Croix blanche*, tenu par Thomas

Hébert. Guillaume Ayre, ci-devant suisse de Monsieur, demeure chez Magimel, au *Pavillon royal*. En 1676, le collecteur-receveur des tailles, Jean Forgeau, a son bureau ouvert à l'hôtel du *Cygne royal*, où Pierre Gourlier a succédé à son père, Claude, que nous y avons vu en 1635. Pour rendre service, sans doute, à cet hôte de marque, Pierre Gourlier aide le receveur dans ses opérations, ce qui n'est pas sans danger. En effet, le 4 novembre, s'étant présenté chez Dunand, le maréchal de la rue de Paris, son voisin, afin de lui remettre un commandement de payer 8 livres pour la taille, la femme et la mère de Dunand crient à l'injustice, traitent Gourlier de b... de voleur, le frappent de coups de marteau, le poursuivent dans la rue jusque devant sa porte, et le pauvre hôtelier rentre à son *Cygne royal* avec une épaule contusionnée.

En 1679, Philippe Lefébure, huissier sergent au bailliage, est logé sur la grande place, à l'hôtel de *la Fleur de Lys couronnée*. Le 2 juin, il voit, de sa fenêtre, un rassemblement devant le pavillon du *Cadron bleu*, de l'autre côté de la place. C'est une dispute entre un consommateur nommé Vausigny et les époux Mingot, cabaretiers. Vausigny est percé d'un coup d'épée par Chapelain, frère de la dame Mingot. Lefébure accourt, requiert main-forte, pénètre au *Cadran bleu*, découvre Chapelain « caché entre deux paillasses », l'appréhende et le conduit à la geôle.

En février 1681, M. de Saint-Amour, docteur en Sorbonne, demeure chez Magimel, au *Pavillon royal*, sur la place du Marché. Se trouvant indisposé, il fait appeler Maître Bertrand du Clavier, chirurgien. Après la visite de ce dernier, au moment où il le reconduit dans l'escalier de l'hôtel, tous deux sont insultés et frappés par les sieurs Martin père et fils. Le chirurgien porte plainte, et une instruction est ouverte.

Ce n'est que par des incidents de ce genre que nous connaissons quelques-uns des clients de qualité de nos hôtelleries versaillaises, car, le plus souvent, il n'est pas question de ceux-ci aux audiences du bailliage, et nous sommes sans autres renseignements. En revanche, les ouvriers maçons, tailleurs de pierre, menuisiers, terrassiers, quoique moins nombreux qu'avant 1672, se signalent encore fréquemment par leurs querelles et leurs violences. En 1672 et 1673, devant *le Pélican* et à *la Branche d'or*, des batailles se livrent entre tailleurs de pierre et charpentiers armés de règles. En 1680, deux compagnons menuisiers logés à l'*Hôtel de Picardie* injurient et frappent la veuve Capet, leur hôtesse, « la décoiffent et lui prennent sa coiffe ». Sur la place du Marché, deux tailleurs de pierre attablés chez la veuve De Voulges, leur hôtesse, sont insultés et grièvement blessés par des inconnus. Le lendemain, au même endroit, un ouvrier maçon, voulant s'interposer entre des charpentiers qui se battent, est violemment maltraité par eux. Encore sur cette même place du Marché, un matelot du Canal, nommé Adancourt, répond par des injures et des coups de poing à la veuve Lecompte, qui lui réclame un peu vivement le paiement de sa note, en le saisissant à la cravate.

En 1681, ces aventures se multiplient. Au *Cadran bleu*, place du Marché, Jean Buffet, garçon paveur, est battu et dévalisé par trois de ses camarades. Devant *l'Image Saint-Jérôme*, plusieurs maçons limousins se disputent et se battent après boire; l'un d'eux est grièvement blessé. Au cabaret des *Bons Garçons*, un menuisier et un couvreur se font aussi des blessures graves. Le sieur Menu, concierge des Trésoriers généraux, sortant de faire collation au *Panier fleuri*, est attaqué, maltraité et dévalisé ; il se plaint qu'on lui ait volé une cravate garnie de dentelles valant au moins 9 livres ! Plusieurs maçons, logés au *Cadran bleu*, se sont livré bataille et sont tous blessés sérieusement. Enfin, rue de la Pompe, devant la maison du *Grand Turc*, un homme est assailli et frappé par des soldats en goguette. Antoine Grison, tenant l'hôtel de *la Croix blanche*, place Dauphine, en témoigne devant le bailli.

Certains hôteliers ou cabaretiers ne craignaient pas d'ailleurs d'avoir recours à des procédés semblables. En 1680, Pierre Gourlier lui-même, que nous avons vu tout à l'heure se faire l'auxiliaire bénévole du receveur des tailles, voyant passer devant sa porte Jacques Vrenier, huissier royal, dont il a sans doute à se plaindre, l'apostrophe à haute voix, le traite de fripon, faussaire, malhonnête homme, le poursuit de ses injures jusqu'à la place du Marché. Procès-verbal est dressé contre lui, et il est cité devant le bailli.

La perception des droits sur les boissons était souvent aussi l'occasion de vives contestations. Comme des fraudes nombreuses se commettaient journellement, un édit du 4 janvier 1675 avait fait défense à tous hôteliers, cabaretiers ou autres « d'entrer ni faire voiturer aucuns vins, cidres ni autres boissons, tant jour que nuit, en leurs maisons et hostels, sans par eux en donner avis aux commis et ceux qui en ont la charge pour cet effet, à cause des abus qui se commettent pour frustrer les droits de Sa Majesté, à peine de 100 livres d'amende... même de confiscation tant du vin, cidre et autres boissons, que des chevaux et harnais, etc... ». Malgré cette menace sévère, plus d'un hôtelier oubliait, comme par hasard, de faire sa déclaration et ne payait pas les droits. Les préposés aux Aides s'en méfiaient et faisaient des perquisitions dans les caves, mais ils étaient souvent mal reçus. En avril 1680, Claude Aubel et Hazard, tous deux commis des Aides, veulent perquisitionner chez le cabaretier-logeur Tacollé dit Dadancourt. Celui-ci, furieux, s'élance sur Aubel et l'étrangle à demi, roue de coups les deux commis en les traitant de fripons, et Aubel est si mal en point qu'il est forcé d'aller se faire panser chez un chirurgien. Six mois plus tard, en novembre 1680, autre aventure du même genre chez un boulanger, sous-locataire de Jean Mauger, tenant l'hôtel du *Gros Raisin*, sur la place du Marché.

III

En 1682, un fait considérable vint augmenter l'importance de la ville de Versailles. Louis XIV y établit le siège de son gouvernement. Dès lors, tous les ministères et les grandes administrations se trouvant à Versailles, la foule des solliciteurs s'ajouta aux curieux et aux courtisans pour y chercher gîte et nourriture. Aussi, voit-on, d'année en année, de nouvelles hôtelleries s'ouvrir! On remarque, en trois ou quatre ans, dans les archives du bailliage, mention de soixante-huit enseignes nouvelles d'auberges et cabarets où l'on loge en garni. En première ligne, il faut citer, dans la rue du Vieux-Versailles, l'hôtel du *Juste*, ayant pour enseigne sur sa façade un buste de Louis XIII. Cet hôtel, installé dans un immeuble appartenant alors au célèbre La Quintinie, et situé au n° 6 actuel de la rue du Vieux-Versailles, a continué d'exister jusqu'à l'époque de la Révolution, et a eu de glorieuses destinées dont nous aurons à parler. Tout à côté (n° 4 actuel), était l'*Hôtel d'Anjou* qui, plus tard, sous Louis XV, devint l'*Hôtel royal*. Un peu plus loin (n° 24 actuel), on remarquait *le Panier fleuri*, où se logea le chevalier de Monicart, employé souvent à des missions secrètes par Louvois, Barbézieux et Chamillart, puis emprisonné à la Bastille, où il écrivit son volumineux poème en l'honneur du Château et des Jardins de Versailles.

Mais c'est surtout dans la ville neuve, place du Marché, rue de Paris, rue Dauphine, avenue de Saint-Cloud, que se pressent les hôtels meublés. Le caractère royal de la cité semble réagir sur les enseignes, car elles sont souvent décorées de la même épithète. Ainsi, l'on trouve : *la Chasse royale*, place du Marché ; *l'Oiseau royal* et *le Sabot royal*, rue de Clagny ; *les Bâtons royaux*, rue Dauphine ; *l'Epée royale*, sur la Petite-Place ; *le Pavillon royal*, au Marché ; *le Cœur royal*, rue de Bourbon ; *le Tambour royal*, avenue de Saint-Cloud ; *le Cygne royal*, au Marché, etc. Puis : *les Trois Couronnes*, place du Marché ; *le Coq couronné*, même place ; *la Hure couronnée*, rue Dauphine ; *le Bœuf couronné*, place Dauphine ; *la Pie couronnée*, rue des Bons-Enfants ; *la Fleur de Lys couronnée*, place du Marché et rue de Paris. Enfin, viennent ces enseignes plus banales : *le Cheval blanc*, *le Cheval rouge*, *le Pot d'étain*, *la Croix blanche*, *l'Image Saint-Nicolas*, *l'Image Saint-Julien*, *le Dauphin*, *le Grand Amiral*, *la Bannière de France*, *la Tour d'argent*, *les Deux Quilles*, etc., etc.

Naturellement, les disputes, les rixes deviennent de plus en plus nombreuses, et les maîtres chirurgiens de Versailles sont appelés presque chaque jour à panser les blessures et à constater les suites parfois graves des horions reçus de part ou d'autre. En 1682, on remarque notamment la plainte adressée au bailli par Pierre Benoist dit Desjardins, propriétaire de l'hôtel des *Trois Cornettes*, avenue de Paris. Il expose que sa femme a été apostrophée par la femme de Billoin, le charron, qui lui reprochait de loger des p..... à soldats. Mme Benoist ayant vivement protesté, les deux femmes se sont prises aux cheveux, ont roulé à terre, Mme Benoist dessous, avec le visage en sang. Un chirurgien a constaté que la malheureuse hôtelière a la tête et la figure entièrement contusionnées. Le même jour, chez la veuve Adamard, au *Marteau d'or*, les sieur et dame Boisdon, s'étant permis de critiquer la qualité du vin, reçoivent des soufflets et sont traînés dehors par les cheveux. Quelques jours après, l'épicier Chuche et sa femme, sortant de l'hôtel du *Cygne*, sont assaillis à coups de bâton. Puis, aux *Trois Couronnes*, place du Marché, Nicolas Toupet, couvreur, est blessé à la suite d'une rixe; à *l'Image Saint-Martin*, plusieurs compagnons serruriers, attablés à boire et à jouer aux cartes, se disputent et font scandale; à l'hôtel des *Bons Garçons*, tenu par Boquet, près de la maison des coches, des terrassiers, furieux de ce qu'on leur refuse à boire, tombent à coups de poing sur le cabaretier; au *Chapeau rouge*, place du Marché, Adrien Ledard, scieur de pierre, est gravement blessé, etc.

En 1683, incidents analogues, où certains hôteliers rivalisent de grossièreté avec leurs locataires. Le 2 octobre, deux huissiers étant venus pour saisir les meubles garnissant les chambres de l'hôtel de *l'Oiseau royal*, sont surpris de ne rien trouver; les chambres sont vides, tout a été enlevé frauduleusement. Les huissiers verbalisent, mais des voisins, ameutés par l'hôtelier, surviennent armés de seaux d'eau, injurient les deux officiers ministériels et les inondent d'eau. Le 12 octobre, bataille générale entre les locataires de *l'Image Saint-Louis*, rue de Paris. Le 3 décembre, tapage nocturne et rixe suivie de blessures graves entre Pinson-Adancourt, cabaretier logeur au *Pot d'étain*, rue du Vieux-Versailles, et ses locataires. Le 23 décembre, les époux Lefébure, logés à *l'Image Saint-Nicolas*, place du Marché, se plaignent d'avoir été assaillis et frappés par les époux Champagne, tenant l'hôtel de *la Chasse royale*, leurs voisins, place du Marché. Quelque temps après, Louis Chanldy, charpentier, logé rue Dauphine, chez Angouillan, à l'enseigne des *Bâtons royaux*, est injurié et frappé à coups de bâton.

IV

En 1684, Louis XIV avait fait bénir religieusement son union avec Mme de Maintenon. Une dévotion austère était en honneur à Versailles. L'influence s'en fit sentir sur la police des hôtelleries et cabarets. Ce fut, en effet, pour la première fois, en cette année 1684, que le bailli fit rechercher et poursuivre les hôteliers-traiteurs coupables de rester ouverts et de donner à boire ou à manger les dimanches et fêtes, pendant la durée de la grand'-messe. Le dimanche 3 septembre, dix-neuf procès-verbaux sont dressés pour ce fait et suivis de condamnations, contre Bouillard, hôtelier du *Coq couronné;* Guille, hôtelier du *Gros Raisin;* Marais, du *Cheval blanc;* Armaillon, de *la Rose rouge;* Simonide, du *Dauphin;* Pivault, de *la Bonne Fève;* Marguerie, de *l'Image Saint-Martin;* Cannois, du *Pied de Biche;* Lamoureux, de *l'Image Saint-Julien*, etc., demeurant pour la plupart rue de Paris ou place du Marché, chez lesquels les huissiers du bailliage ont trouvé huit, neuf, douze, quinze personnes attablées pendant la célébration de la grand'messe à la paroisse.

Mêmes procès-verbaux et poursuites, le 8 octobre, contre cinq autres hôteliers-traiteurs; puis, le 1er avril 1685, contre neuf autres encore, pour la même contravention.

Il convient d'ajouter que la police n'était pas moins active et rigoureuse pour d'autres contraventions d'un caractère tout différent. Ainsi, le 12 octobre 1684, quatre procès-verbaux sont dressés contre Griby, propriétaire et hôtelier de *la Croix Dauphine;* Laguerre, à l'enseigne du *Bœuf couronné*, au coin de la place Dauphine et de la rue de la Pompe, et autres, pour insuffisance de balayage du devant de leurs maisons. Le 4 février 1685, cinq procès-verbaux sont dressés, contre Hébert, à l'enseigne de *la Reine d'Espagne;* contre la veuve Desbarres, tenant l'hôtel du *Juste;* contre Colzy, à *la Tour d'argent,* et autres, pour n'avoir pas allumé des chandelles dans les lanternes accrochées devant leurs portes. Enfin, le 12 février 1685, à la requête du receveur des Aides, élisant domicile rue de Paris, au *Grand Amiral*, deux huissiers perquisitionnent chez les cabaretiers et dressent trente-deux procès-verbaux pour défaut de paiement des droits.

Ce n'est pas tout : nous avons vu que, dès le XVIe siècle, des ordonnances royales avaient, à plusieurs reprises, enjoint à tous les aubergistes du royaume de fournir à la police la liste des voyageurs logés chez eux, — mais qu'à Versailles, il ne semblait pas que cette prescription fût observée. Le bailli décida d'en exiger l'application, et, par un règlement affiché le 21 août 1685, il ordonna que les hôteliers et logeurs versaillais seraient tenus de remettre chaque semaine le rôle certifié de toutes les personnes logées dans leurs maisons, sous peine de 50 livres d'amende, et leur fit défense de recevoir et loger aucunes personnes de mauvaise vie ou autres qui feraient difficulté de déclarer leurs noms, qualités et demeures.

En 1686, treize cabaretiers-logeurs sont condamnés pour être restés ouverts pendant la grand'messe. On remarque parmi eux plusieurs enseignes nouvelles : *le Roi de Pologne*, rue Dauphine; *l'Image Saint-Claude*, aussi rue Dauphine; *le Saint-Esprit*, rue des Bons-Enfants; *le Gaillard-Bois*, avenue de Paris; *la Ville de Londres; le Mouton rouge*, place du Marché; *la Croix rouge; le Petit Saint-Jean.*

En 1687, le bailli paraît se relâcher un peu de sa surveillance, ou bien les hôteliers, ce qui est moins vraisemblable, respectent mieux qu'à l'ordinaire le recueillement du dimanche, car on ne rencontre aucune contravention constatée à ce sujet. On ne trouve que les plaintes et informations habituelles pour disputes, rixes ou vols, au *Soleil d'or*, à *la Tour d'argent*, à l'*Hôtel de Picardie*, à *la Bannière de France*, au *Cadran bleu*, au *Mouton rouge*, etc... Une seule affaire mérite peut-être d'être signalée; c'est la plainte de Jean Grille, huissier à cheval du Châtelet de Paris, logé chez Dupont, place du Marché. Il accuse son hôtelier d'avoir saisi indûment ses vêtements et effets, bien que déjà payé par plusieurs exploits et procès-verbaux faits à la requête du susdit. Dans l'énumération des objets saisis, on remarque : une paire de manchettes de *point à la Reine*, brodées en *point de France*, un grand peignoir de *point à la Reine*, une cravate de *point d'Angleterre*, et autres dentelles. Cet huissier avait la garde-robe d'un petit-maître !

De 1688 à 1691, les rigueurs de la police reprennent contre les aubergistes-cabaretiers qui osent rester ouverts le dimanche, durant la grand'messe. De nombreux procès-verbaux sont dressés pour cette contravention, tantôt dans la ville neuve, rue de Paris, place du Marché, sur les avenues, tantôt rue du Vieux-Versailles, à l'hôtel du *Juste*, et aux environs. Parfois les huissiers sont mal reçus. Debieux, ancien suisse, établi sur la Petite-Place, à *l'Epée royale*, leur répond « qu'il se moque de cela, et que, s'ils y reviennent, il leur mettra le nez dans sa marmite »; puis il poursuit de ses menaces jusque dans la rue les huissiers mis en déroute.

Le bailli condamne non moins sévèrement ceux qui n'allument pas leurs lanternes le soir, ce qui donne lieu aussi à de fréquents procès-verbaux. De nouvelles enseignes d'hôtellerie nous sont ainsi révélées, comme *les Bons Portevoix*, sur l'avenue de Paris ; *l'Ours*, *la Perle*, *la Cage*, *le Chariot d'or*, situés tous sur la place du Marché ; *le Sabot*, tenu dès 1690 par Boisset, au coin de la place du Marché et de la rue de l'Etang (rue Duplessis), où il se trouve encore actuellement.

A la fin de 1690, des poursuites sont exercées en outre contre près de quatre-vingts cabaretiers fraudeurs sur les droits d'entrée.

En 1691, un nouveau traiteur, Louis Becquet, venait d'ouvrir son établissement rue de la Paroisse, à l'enseigne de *la Ville de Mons*. Le 28 août, vers midi, trois clercs de M. Antoine Moreau, huissier du bailliage, s'y font servir un bon dîner dont la note se monte à 44 livres, et prétendent faire mettre le tout au compte de leur patron. La femme de Becquet refuse ce mode de paiement et réclame de l'argent. La dispute s'échauffe. Le premier clerc, Guillaume Panard, lance un coup de pied dans le ventre de la femme Becquet, qui est enceinte. Le mari accourt, mais les trois clercs d'huissier tombent sur lui à coups de bâton. Becquet fait panser ses blessures par un chirurgien et porte plainte. L'information se suit.

Autre affaire en février 1692, avec M. Jean Olry, sous-lieutenant porte-enseigne du guet de Paris, huissier des Aides et tailles, logé à l'hôtel du *Gros Raisin*, place du Marché. Il y a coups échangés et plaintes réciproques de la part de l'hôtelier et de l'huissier son hôte.

Enfin, quelques semaines après, en avril 1692, c'est encore un huissier au Châtelet, M. Delarbre, qui fait tapage et scandale à l'hôtel des *Bâtons royaux*, place Dauphine, où il est logé. A propos d'une discussion sur l'avoine et le foin donnés à son cheval, il traite ses hôteliers, Louis Chaudy et sa femme, de coquins, voleurs, provoque un attroupement devant la maison par ses cris et ses injures, si bien qu'une plainte est déposée contre lui. Or, il faut observer que Chaudy n'était pas le premier venu, car c'est lui-même qui avait fait construire, place Dauphine, sur un terrain à lui donné par le Roi, le pavillon des *Bâtons royaux*, et un brevet du 6 septembre 1692 lui confirma son droit de propriété.

En revanche, toujours en 1692, le cabaretier Carolet, demeurant avenue de Saint-Cloud, à l'enseigne du *Tambour*, réclame son dû à Gaspard Le Dur, bourgeois de Versailles, en le saisissant à la gorge, le renverse à terre, lui arrache sa canne, la lui brise sur la tête, et l'aurait tué si des passants ne s'étaient interposés.

On voit, par ces quelques exemples, ce que devaient être, encore trop souvent, les procédés de discussion dans certaines hôtelleries versaillaises du xviie siècle.

V

A la fin de 1692, commence à se révéler ce fait curieux qu'un grand nombre des habitants de Versailles, bourgeois, officiers des maisons du Roi et de la Reine, suisses, concierges, s'étaient mis à faire concurrence aux hôtels et cabarets en louant des chambres meublées et en donnant à boire et à manger. Les aubergistes s'en plaignaient d'autant plus que ces concurrents d'occasion, n'étant point surveillés comme eux, ne déclaraient pas leurs provisions de vin et ne payaient aucuns droits. Les préposés de la régie des Aides signalèrent cet abus, et, le 21 octobre 1692, le bailli de Versailles reçut la requête suivante :

Pierre Pointeau, fermier général des fermes royales unies, chargé par Sa Majesté de la régie des Aides de Versailles,
Remontre que la plupart des officiers tant des grandes et petites Ecuries, que des hôtels, en contravention aux arrêts et règlements, font un trafic continuel et un débit public de vin, sans en faire aucune déclaration ni payer aucuns droits, et refusent de faire ouverture de leurs caves et celliers aux commis pour se dispenser de souffrir exercice... Qu'il est important de remédier à cet abus qui cause une diminution considérable au produit des Aides, et un notable préjudice aux hôteliers et vendeurs de vin ordinaires, dont les cabarets sont déserts et abandonnés, pendant que ceux-là, qui ne payent aucuns droits, attirent tout le peuple par le peu de meilleur marché qu'ils peuvent faire...
Supplie que tous officiers et soldats qui s'autorisent à vendre soient tenus, à première réquisition, d'ouvrir aux commis leurs caves et celliers et de souffrir exercice pour payer les droits de détail des vins par eux vendus.

Le bailli, faisant droit à cette requête, rendit immédiatement une sentence enjoignant à toute personne vendant du vin de se soumettre aux perquisitions des commis de la régie, et de faire les déclarations exigées des débitants ordinaires. Mais cette injonction était dépourvue de sanction et facilement éludée. La question fut déférée au ministre et au Roi. On rappela que, dès 1577, un édit de Henri III avait ordonné que nul ne pourrait louer des chambres garnies sans avoir obtenu des *lettres de permission*, et il fut décidé que cette prescription serait remise en vigueur dans toute la France. En conséquence, un édit royal, daté de mars 1693 à Versailles, et rapporté littéralement par Narbonne, premier commissaire de police de Versailles, dans son *Journal* manuscrit (1), commença par relater les anciennes dispositions de l'édit de 1577, observa que, néanmoins, plusieurs particuliers s'étaient « ingérés de tenir auberges, chambres garnies et hôtelleries, de traiter et donner à manger à juste prix, qu'on nomme vulgairement gargotes... sans aucune permission... A quoi il était nécessaire de remédier... ». Et, après un long préambule, l'édit conclut ainsi :

Disons et ordonnons, Qu'à l'avenir aucune personne ne puisse tenir hôtellerie, auberge, louer chambres garnies, traiter, donner à manger en gargote (à juste prix) ou autrement, dans notre bonne ville, faubourgs et banlieue de Paris, ou dans toutes les villes, bourgs... de notre royaume, Sans avoir pris nos lettres de permission signées par l'un de nos amés et féaux conseillers.
Enjoignons de tenir leurs maisons garnies de toutes les choses nécessaires pour y pouvoir recevoir nos sujets et les étrangers, conformément aux ordonnances... et notamment à l'édit de 1577...
Défendons à toutes personnes autres que ceux qui auront nos lettres de permission, de tenir hôtelleries, auberges, maisons et chambres garnies, de loger et donner à manger, *à peine de 300 livres d'amende dont moitié appartiendra au dénonciateur et moitié à celui qui sera par nous chargé du recouvrement de la finance qui proviendra des dites lettres de permission, etc...*

Il semblait que cette prescription générale dût être sévèrement appliquée, grâce à la prime séduisante promise aux dénonciateurs. Cependant les fraudes et les abus continuèrent à Versailles, au moins en partie, car, en septembre 1698, le directeur

---

(1) *Journal de Narbonne*, t. XIX, p. 243. — Bibliothèque de la ville de Versailles.

des Aides, Renaudot, adressait encore une supplique au bailli pour se plaindre de *l'usage abusif* des Cent-Suisses de la garde, qui continuaient de débiter librement du vin sans faire aucune déclaration et sans payer aucuns droits. Il ajoutait qu'ayant voulu faire dresser procès-verbal contre l'un d'eux, l'huissier avait été mis à la porte et injurié.

On peut même se demander si jamais, à Versailles tout au moins, des lettres de permission furent sollicitées et accordées pour l'ouverture des hôtelleries et cabarets, car les archives du bailliage n'en portent aucune mention, tandis qu'elles contiennent, notamment à partir de 1694, un grand nombre de suppliques au bailli pour l'obtention de tous offices, brevets, privilèges ou concessions. En outre, on n'y rencontre non plus aucune trace de procès-verbaux et condamnations pour l'ouverture et la tenue d'auberges ou cabarets non pourvus de permission, alors, au contraire, que, chaque année, comme précédemment, l'on trouve de nombreuses poursuites pour contraventions de même ordre, comme défaut de balayage de la rue, non-allumage des lanternes, mise en vente de marchandises défectueuses, ouverture le dimanche pendant la messe, etc... On est donc porté à croire que l'édit de 1693, quant à l'obtention des lettres de permission pour les hôteliers ou logeurs, ne fut pas rigoureusement observé à Versailles.

En tous cas, jusqu'à la fin du règne de Louis XIV, Versailles ne cessant pas d'augmenter d'importance et de voir affluer les visiteurs de tous genres, on continue de constater le nombre toujours croissant des hôtelleries. De 1695 à 1715, on en peut évaluer le chiffre total à cent vingt environ, sans crainte d'exagération. A côté des enseignes déjà connues, qui, parfois, se répétaient en deux endroits, comme *l'Epée royale*, qu'on rencontrait place du Marché et sur la Petite-Place, on voit apparaître, en 1696 : l'hôtel de *la Grande Fontaine*, rue de Paris; *le Grand César*, rue du Bel-Air; *le Vert-Galant*, près de la Geôle; *les Trois Etoiles*, rue du Bel-Air; *les Deux Anges*, avenue de Paris; en 1698 : *le Cœur volant*, rue de Bourbon; *la Belle Arrivée*, rue Satory; *la Belle Image*, place Dauphine; en 1704 : *le Tapis vert*, rue Saint-Pierre; *l'Image Saint-André*, rue des Vieux-Coches; en 1706 : *le Prince de Conty*, rue des Bons-Enfants; en 1707 : *la Bonne Chère* et *la Ville de Dreux*, rue du Bel-Air; les

Treize Cantons, près de la Surintendance. Cette énumération des nouvelles enseignes est évidemment incomplète, car nous ne connaissons que celles qui se trouvent par accident citées devant le bailliage.

VI

Durant cette même période finale du règne de Louis XIV, la police était vigilante à Versailles, et les contraventions commises par les aubergistes et cabaretiers étaient soigneusement réprimées. De nouveaux règlements vinrent même édicter des prescriptions jusqu'alors inconnues ou tombées en désuétude. C'est ainsi qu'il fut sévèrement interdit de loger *des filles débauchées* et de déposer des immondices sur la voie publique.

En 1696, une question assez originale se présenta. On s'était plaint de voir des porcs errer librement dans les rues de Versailles. Le bailli fit défense d'entretenir des animaux de cette espèce dans l'intérieur de la ville, et, à plus forte raison, de les laisser errer. Cela ne suffit pas, car il fut informé que plusieurs hôteliers ne tenaient aucun compte de cette défense. Alors, le 8 novembre, sur son ordre, le substitut du procureur du Roi, assisté d'un greffier et de trois huissiers, parcourt gravement la ville et constate la présence de « plusieurs cochons dans les rues et places publiques ». Mais, d'où venaient ces cochons ? — Le substitut informe, le greffier et les trois huissiers verbalisent ; on découvre qu'ils appartiennent à un traiteur-rôtisseur nommé Lecomte, au propriétaire de l'*Hôtel de la Feuillade*, rue de la Paroisse, et à d'autres encore. Des procès-verbaux sont dressés contre ces délinquants qui, quelques jours après, sont condamnés par le bailli. C'est le seul exemple qu'on trouve, aux archives du bailliage, de cette contravention d'un genre particulier. Il faut espérer que les hôteliers renoncèrent à élever des porcs, — plutôt que supposer une indulgence regrettable de la part du bailli et de ses auxiliaires.

Trois autres incidents de police méritent d'être signalés :

En juillet 1695, M. Vienne, huissier à cheval du Châtelet de Paris, était venu en la maison du sieur Aumasson dit La Fontaine, ci-devant entrepreneur des bâtiments du Roi, pour procéder à une saisie-arrêt aux mains de ses locataires, à la requête d'un créancier. Vienne se trouvait, à cet effet, chez le sieur Gaillard, cabaretier rue de Paris, à l'enseigne de *la Fontaine*, locataire du susdit Aumasson dit La Fontaine, lorsque celui-ci survient avec deux de ses fils, sa femme et sa fille. L'huissier est injurié, bousculé, traité « de chien et fripon », frappé de coups de plat d'épée sur la tête et finalement jeté dehors. Il verbalise néanmoins, va faire constater ses blessures par un chirurgien et dépose une plainte au bailliage. Cette aventure, assez banale en elle-même, nous fait connaître l'origine de cette vieille hôtellerie qui existe encore aujourd'hui, à la même place et avec la même enseigne, rue de la Paroisse, n° 63. Aumasson dit La Fontaine, entrepreneur de maçonnerie, travaillant au Château, avait obtenu du Roi, verbalement, sans délivrance d'aucun brevet, un terrain situé rue de Paris, ayant 8 toises de façade sur 58 toises de profondeur, et donnant par derrière sur la rue de Bourbon (rue Richaud) et sur la ruelle longeant le mur de Clagny (rue de l'Abbé-de-l'Epée). Il fit bâtir une grande maison dont il occupa une partie avec sa famille et loua le reste au sieur Gaillard, cabaretier-aubergiste, qui prit pour enseigne *la Fontaine* et, un peu plus tard, en 1697, *la Grande Fontaine*. Est-ce le surnom du propriétaire qui fit adopter cette enseigne? Ou bien, au contraire, est-ce l'existence de l'enseigne, provenant peut-être d'une fontaine existant dans la cour de l'immeuble, qui fut la cause du surnom donné au propriétaire? — Les deux conjectures sont possibles, mais, en tout cas, il y a là une origine commune intéressante à constater. Ajoutons qu'en 1707, Aumasson, toujours dit La Fontaine, obtint un brevet régulier daté du 27 octobre, signé d'Hardouin Mansart, qui renouvela et confirma définitivement le don à lui fait par le Roi antérieurement. Ainsi fut fondée, il y a plus de deux siècles, cette maison de *la Grande Fontaine*, bien connue et fréquentée aujourd'hui, dans le haut de la rue de la Paroisse.

En 1696, rue du Bel-Air (rue Dangeau), une rancune féroce, dont la cause nous est inconnue, animait le barbier Jean Servant contre l'hôtelier François Berthe, à l'enseigne des *Trois Etoiles*. Le 24 juillet, Servant, passant devant Berthe campé, la bouche bée, sur le pas de sa porte, lui crie : *Ah! voilà un beau gobelet!* et lui lance en pleine figure un liquide malpropre. Berthe se réfugie dans le fond de sa boutique pour s'essuyer. Surviennent Maître Andimont, chirurgien du voisinage, et plusieurs de ses amis, qui demandent de la bière. Servant, resté dans la rue, leur dit : *N'entrez pas là ; on n'y donne que de mauvaise bière. Allons ailleurs, Messieurs!* Et il les emmène. Quelques minutes après, Servant seul revient, entre aux *Trois Etoiles* et demande de la bière. Berthe refuse de lui en servir. Servant s'empare d'une assiette de viande, Berthe la lui reprend. Servant saisit alors un saladier rempli et s'enfuit dans la rue, poursuivi par Berthe, qui parvient à le lui arracher. Mais le terrible barbier revient à la charge avec sa femme; ils brisent l'enseigne des *Trois Etoiles*, se précipitent sur le malheureux Berthe, lui arrachent les cheveux, lui donnent des coups de pied dans le ventre, etc... Tel est le résumé de la lamentable aventure rapportée à M. le Bailli par le pauvre hôtelier.

En 1705, on rencontre un exemple instructif du procédé usuel employé alors à Versailles pour l'écoulement des eaux ménagères. Le 11 janvier, le sieur Robert Larcher, bourgeois de Paris, étant venu faire visite à Versailles, passait dans la rue Saint-Pierre, lorsqu'il reçoit sur la tête le contenu d'une marmite pleine d'eau grasse. Il s'aperçoit que cette douche malpropre lui vient d'une fenêtre du deuxième étage d'une maison meublée, à l'enseigne du *Tapis vert*. Larcher se rend immédiatement chez Maître Régnier, conseiller et procureur du Roi, qui constate que le comparant a « son habit de drap noir et sa perruque remplis d'eau sale et grasse ». Le procureur, avec une diligence digne d'éloges, se transporte de suite, avec son greffier et un huissier, à la maison du *Tapis vert*, où il s'adresse à la veuve Bimont, qui y tient des logements garnis. Il fait comparaître la fille Picot, servante, qui reconnaît sans détour « qu'après avoir lavé sa vaisselle, elle a eu le malheur de jeter par la fenêtre dans la rue Saint-Pierre l'eau qui lui avait servi » ; elle affirme, pour sa défense, qu'elle avait préalablement crié : gare! Le procureur dresse néanmoins procès-verbal ; mais on devine aisément que la servante n'avait fait que se conformer à l'usage et que, moyennant un avertissement donné aux passants, il semblait naturel de jeter par la fenêtre l'eau sale dont on avait à se débarrasser. Le Parisien Larcher se montrait trop susceptible!

Il serait fastidieux d'en dire davantage sur les incidents policiers ou judiciaires en cette période de l'histoire de nos hôtelleries versaillaises. Il vaut mieux terminer par une aventure d'un autre genre qui fut, pendant l'hiver de 1707, le régal assez épicé des conversations de la ville. Chamillart était alors ministre et en grande faveur. Mme de Chamillart, pour faire sa cour à la duchesse de Bourgogne, organisa en son honneur un bal masqué pour le dimanche 27 février 1707, dans son hôtel de la Surintendance (le Petit Séminaire actuellement). « Cette fête fut magnifique, dit Dangeau, et dura jusqu'à huit heures du matin. La duchesse de Bourgogne, après le souper et le coucher du Roi, y alla masquée, ainsi que le duc de Berry, et y prit plaisir. » De nombreuses invitations avaient été lancées pour ce bal et, entre autres, MM. de Quincy étaient venus de Paris pour y assister. Voici maintenant l'anecdote, racontée par le chevalier de Quincy lui-même dans ses *Mémoires* (1) ; ce serait en gâter la saveur que ne pas la citer textuellement :

... Nous allâmes à Versailles tous quatre, savoir : mon frère de Quincy sa femme, Du Plessis et moi. Nous fûmes loger aux *Treize Cantons*, près de la surintendance, où demeurait M. de Chamillart. Ayant soupé, Du Plessis ne se souciant pas trop d'aller au bal, je restai pour lui tenir compagnie. Ainsi nous laissâmes aller M. de Quincy et sa femme. Pendant que nous buvions une bouteille de vin de Champagne auprès du feu, deux servantes fort jolies venaient de temps en temps nous voir. Elles nous promirent de venir coucher avec nous sur les trois ou quatre heures du matin ; nous devions coucher, Du Plessis et moi, dans la même chambre. Sur les quatre heures, nous dormions profondément ; un grand bruit nous réveilla. Au lieu des deux servantes, nous vîmes arriver M. de Quincy et sa femme, en chemise, qui vinrent nous chasser de nos lits et qui, sans rien dire, s'y couchèrent ; les frères aînés se servent toujours de leur droit d'aînesse. Nous fûmes obligés, presque tout endormis, de prendre les mêmes lits qu'ils venaient de quitter, et nous nous aperçûmes promptement de ce qui les avait contraints de se sauver de cette chambre. C'était une puanteur épouvantable causée par des lieux qu'on vidait et dont le conduit aboutissait au chevet de leur lit. Comme nous étions jeunes, malgré cette puanteur et le bruit que les *gadouarts* faisaient, nous nous endormîmes, sans nous mettre en peine du rendez-vous. Une demi-heure après que mon frère nous eût chassés de notre chambre, les deux servantes ouvrent doucement la porte, entrent et la ferment. « Hé bien ! disent-elles, dormez-vous, Messieurs ! » L'une s'approche du lit où étaient couchés mon frère et sa femme ; elle

---

(1) *Mémoires du chevalier de Quincy*, publiés par M. Lecestre pour la Société de l'Histoire de France, t. II, p. 239.

ouvre le rideau. Quelle fut sa surprise, au lieu d'entendre la voix d'un homme, d'entendre celle d'une femme! C'était celle de ma belle-sœur, qui s'était réveillée en sursaut. Les deux filles ne demandèrent pas leur reste; elles s'enfuirent précipitamment, et, ayant refermé la porte, elles gagnèrent leurs lits. Mon frère se lève et crie : « Au voleur! » de toutes ses forces, ce qui fit venir l'hôtesse et réveilla toutes les personnes qui étaient logées dans cette hôtellerie. On chercha partout, et l'on ne trouva qui que ce soit. On crut que mon frère et sa femme avaient rêvé. Tout le monde n'en fut pas la dupe, car cette petite aventure fut le sujet de toutes les conversations de Versailles; pendant quelques jours, il fut question de nous et de notre rendez-vous.

De cette anecdote scabreuse, nous ne voulons retenir, en ce qui concerne notre sujet, que la double indication suivante : d'abord, c'est que l'hôtel des *Treize Cantons* avait la clientèle des personnes de condition, comme on disait alors, et puis, que cet hôtel devait être situé soit rue de la Surintendance, soit à l'entrée de la rue du Vieux-Versailles.

VII

Le 1er septembre 1715, le Grand Roi mourait en son château, et, juste huit jours après, la Cour quittait Versailles, pour toujours disait-on, à la suite du Régent et du jeune Louis XV. Déroute générale des aubergistes versaillais! C'était, en effet, le départ subit de la nombreuse population flottante attirée par la présence du Roi : Gardes du corps et leur entourage, partis! Matelots du Canal, congédiés; serviteurs du Château, supprimés; solliciteurs ou curieux de tout rang, disparus! L'abandon de la ville fut tel, qu'en novembre 1715, des lettres patentes accordèrent aux habitants, restés dans leurs maisons privées de locataires, une décharge entière de toutes impositions, à titre d'indemnité, en considération de ce que Versailles, *cy-devant rempli d'un peuple nombreux, devenait de jour à autre un lieu désert.*

Le Prévôt de l'Hôtel, ayant exclusivement la surveillance du lieu où résidait le Roi, avait aussi quitté la ville avec ses gardes, et la police se trouvait sensiblement réduite. Les rues devenues désertes n'étaient pas sûres la nuit, et il ne faisait pas bon s'attarder à souper ou à jouer dans les cabarets. Le 6 avril 1716, le procureur du Roi, dans une requête au bailli, lui remontre

« que, depuis l'absence du Roi et de la Cour, un grand nombre de jeunes gens, fils d'artisans, portent épées et commettent des désordres de jour et de nuit ». La veille au soir, plusieurs de ces individus, attablés chez Mauger, cabaretier, rue Saint-Julien, à l'enseigne du *Petit Broc*, insultaient les passants. Des gardes suisses ont voulu se saisir des plus tapageurs, mais ces vauriens ont crié à l'aide, leurs camarades sont accourus, ont chargé les gardes, qui ont dû lâcher prise et battre en retraite. Quelques jours après, place du Marché, le cabaretier Tessier ayant fermé sa boutique à neuf heures du soir, une bande de rôdeurs fait impunément, pendant trois heures, le siège de sa maison en brisant toutes les vitres à coups de pierres. Le 2 octobre 1716, une scène tragique se passe, aussi vers neuf heures, rue Dauphine (rue Hoche), au centre de la ville. Deux consommateurs se querellant au cabaret de *la Hure*, tenu par Olivier, mettent l'épée à la main en pleine rue, et l'un d'eux, le sieur Parisot, garde de la porte du Roi, tombe mort, frappé à la poitrine par son adversaire, le sieur Saint-Jean, maître d'escrime.

Tout cela n'était pas de nature à appeler les Parisiens à Versailles, et nombre d'auberges se fermèrent ou firent faillite. On se rappelle la maison importante et bien achalandée de *la Grande Fontaine*, rue de Paris. Le sieur Denis Dubout, qui en était devenu propriétaire, tomba en déconfiture, fut saisi par ses créanciers, et l'immeuble fut vendu le 9 septembre 1718, pour le prix dérisoire de 3,150 livres.

Cependant, les voyageurs visitant la France tenaient encore à connaître les merveilles tant célébrées du château et des jardins créés par Louis XIV. Les rares hôtelleries restées ouvertes recueillaient donc de temps en temps quelques bonnes aubaines. En mai 1717, le czar Pierre le Grand arriva à Paris, et, tout de suite, il voulut voir Versailles. Il y vint le 19, puis le 30 mai, puis le 13 juin, et chaque fois y passa plusieurs jours. Il fut logé avec sa suite au Château et à Trianon, mais sa présence attira une foule de curieux qui envahirent les auberges et cabarets. On fit jouer les eaux pour lui, et les Parisiens accoururent profiter de ce spectacle.

En 1718, ce fut le prince de Bavière qui vint à Versailles. Nous l'apprenons par son valet de chambre, qui assigna le sieur Cochin, aubergiste, en dommages-intérêts pour la disparition d'une malle remplie, disait-il, d'argenterie et d'effets précieux. Le bailli lui donna gain de cause en déclarant l'hôtelier responsable.

Vers la même époque, Law avait entrepris de fonder dans les bâtiments du Grand-Commun, devenus vacants, une fabrique d'horlogerie anglaise. Il fit venir, dit-on, près de neuf cents ouvriers qui furent logés en ville et durent être une clientèle utile pour les cabarets. Cette colonie anglaise organisa des réunions auxquelles prirent part des coreligionnaires calvinistes. Mais la police s'en émut, et le *Journal* de Buvat nous apprend que, le 14 mars 1719, on emprisonna au For-l'Evêque soixante-dix personnes coupables de s'être assemblées à Versailles pour l'exercice de la religion réformée. L'entreprise de Law ne réussit pas, d'ailleurs, et les horlogers anglais retournèrent dans leur pays.

En 1720, les *Notes de voyage* de la célèbre pastelliste vénitienne Rosalba Carriera mentionnent qu'en avril et en novembre, elle vint passer quelques jours à Versailles, y vit jouer les eaux et se logea à l'auberge.

Mais quelques voyageurs de passage ne pouvaient suffire à remédier au dénûment des hôteliers et cabaretiers. Aussi ces derniers, à court de clientèle, acceptaient-ils sans doute trop facilement les premiers venus, en fermant les yeux sur leurs antécédents. Ce fut au point que, le 6 mai 1721, Messire Fresson, bailli et lieutenant général de police, crut devoir édicter un règlement nouveau, précédé de ce préambule sévère :

Que, depuis quelque temps, il s'est introduit un grand nombre de mendiants et gens sans aveu en cette ville, où ils ont la facilité de se réfugier, et, quoiqu'il soit du devoir des quarteniers de cette ville de faire des visites de temps en temps chez les bourgeois et les habitans, gens tenans chambres garnies, cabaretiers et aubergistes, afin de connaître les personnes qui s'y trouvent logées, *ils négligent un devoir si nécessaire;* Que d'ailleurs *il se fait plusieurs contraventions* aux ordonnances et règlements de police ; Qu'il estimait que, pour le bien public, il estait nécessaire de prévenir les maux que cette licence pourrait causer...

Suivaient trente-six articles, parmi lesquels on remarque les suivants :

VIII. Faisons défenses à tous hosteliers, cabaretiers, aubergistes et cafetiers de cette ville de donner à boire à aucunes personnes les jours de festes et dimanches pendant le service divin, et *tous les jours après dix heures du soir*, à peine de dix livres d'amende...

X. Faisons pareillement défenses à tous maistres de jeux de paumes et de billards *de donner à jouer* pendant le service divin, et *après dix heures du soir*, à peine de vingt livres d'amende.

Pour la première fois à Versailles, on voyait ainsi mentionnés et réglementés les cafés et les jeux de billards, introduits d'ailleurs depuis peu à Paris.

En même temps que ce règlement de police, une ordonnance royale du 27 mai 1721 enjoignait aussi d'expulser de Versailles « *quantité de vagabonds, mandians et gens sans aveu*, qui y causent de fréquens désordres », et ordonnait :

Que tous hostelliers, cabaretiers, aubergistes et gens qui donnent à loger déclareront au commissaire de police les personnes qui seront logées chez eux, vingt-quatre heures après qu'elles y seront arrivées, et seront tenus d'en tenir registre cotté et paraphé par ledit commissaire et par luy visé tous les mois, sur lequel ils feront mention de la durée du séjour que ces personnes y auront fait au delà des vingt-quatre heures.

Les quarteniers de ladite ville feront tous les mois la visite chez lesdits hostelliers, cabaretiers et aubergistes ; et, en cas de contravention, en feront rapport au commissaire qui pourra faire pareilles visites quand bon luy semblera...

C'était le renouvellement des prescriptions déjà édictées, notamment en 1685, mais sans doute peu observées. Furent-elles mieux exécutées désormais ? — C'est peu probable, car le commissaire de police Narbonne, dans son *Journal*, déplore à maintes reprises, et jusqu'en 1742, que les Versaillais « donnent à loger sans faire de déclaration », et que les gens qui descendent dans les auberges « refusent de décliner leurs noms et qualités ». Pour y remédier, dit-il, « il faudrait avoir des mouches à qui on ferait prendre différents habits ». Il ne fait pas connaître si ce mode de surveillance fut employé avec succès.

Peu de jours après la publication de ces règlement et ordonnance, une foule inaccoutumée de visiteurs affluait à Versailles. C'était l'ambassade turque, reçue en grande pompe le 7 juin 1721. L'ambassadeur et sa suite furent installés au Château, mais les curieux accourus de Paris se disputèrent les chambres garnies de la ville. Buvat, dans son *Journal*, raconte que, pour une seule nuit, on payait 6 livres un petit lit d'une personne. C'était encore pour les aubergistes et cabaretiers une aubaine passagère.

VIII

Enfin, en 1722, Versailles allait renaître. Dès le 25 février, on annonçait le retour de la Cour, et cinq cents gardes du Roi, arrivant en ville, durent être logés chez les habitants, faute de place dans les hôtelleries. Bien vite, propriétaires et aubergistes réparèrent leurs maisons et se disposèrent à profiter d'une ère nouvelle de prospérité. Le 15 juin, eut lieu l'entrée solennelle du Roi. Les locations à Versailles devinrent si difficiles, qu'une ordonnance royale dut, de nouveau, les réglementer.

Dès lors, auberges, cafés, cabarets se rouvrent de tous côtés et ne désemplissent plus. Aussi bien, les attractions se multiplient à Versailles. En septembre 1722, ce sont les divertissements militaires du camp de Porchefontaine et du simulacre de siège imaginé pour l'instruction ou l'amusement du jeune souverain. Puis, viennent les fêtes et grandes cérémonies, comme, en 1724, la réception des nouveaux *cordons bleus*. A cette occasion, l'affluence fut telle pendant huit jours que, d'après le *Journal* de l'avocat Barbier, les chambres se louaient jusqu'à 50 livres pour un jour et une nuit. Aussi, Narbonne estimait-il, en 1724, qu'il y avait, en plus des hôtelleries, au moins quatre cents logeurs, et il ajoutait :

..... le prix excessif des loyers a engagé la plupart des habitants à donner à loger en chambres garnies pour s'indemniser de leurs loyers ; de sorte qu'on voit les officiers du roi, les commis, les bourgeois, même les cordonniers, boulangers, savetiers, laquais, les femmes veuves et jusqu'aux filles, tout donner à loyer en chambres garnies.

Il observait que les bourgeois, sur les conseils des hôteliers, demandaient des prix de location très élevés, de sorte qu'on croyait communément plus avantageux de se loger dans les auberges, et que, de Paris, on y retenait des chambres plusieurs jours à l'avance.

Naturellement, les incidents dramatiques, les contraventions, les poursuites judiciaires ne sont pas rares. Un jour, c'est un duel dans une chambre d'auberge, entre M. d'Azy, fils d'un fermier général, et le chevalier de Louvois, capitaine aux cent-suisses, lequel reçoit *quatre bons coups d'épée, mais n'est pour-*

tant pas encore mort, dit Barbier. En 1726, Narbonne raconte avec indignation que la demoiselle Bertin, logeuse, rue des Tournelles, protège la débauche précoce du comte de Clermont, âgé de quinze à seize ans, avec une fille de treize ans. Cette Bertin devrait être poursuivie en justice, mais c'est l'affaire de la Prévôté de l'Hôtel, et le jeune comte est le frère du duc de Bourbon ! En revanche, le vertueux commissaire fait condamner à 50 livres d'amende le tailleur Chevalier, tenant chambres garnies, pour avoir logé la fille Marie Picard sans en avoir fait déclaration. Le Grand Prévôt rivalise de zèle : en 1728, il fait arrêter, puis chasser de Versailles, la fille Suzanne Bebel, âgée de dix-huit ans, demeurant à l'auberge du *Dauphin*, rue de la Surintendance, où elle a été installée par le marquis de Mornay, capitaine aux gardes-françaises, — malgré les protestations de la demoiselle et de son protecteur.

Le bailli fait mieux encore de son côté. Sur un procès-verbal de Narbonne, dressé contre le sieur Boutignon, rue du Vieux-Versailles, à l'enseigne du *Petit-Trianon*, il condamne ce logeur à 150 livres d'amende pour avoir reçu des *femmes de mauvaise vie, libertines et débauchées*, et il ordonne que la porte de sa boutique sera murée pendant une année, avec défense de loger personne durant ce temps. Le jour même de cette condamnation, commandement est fait à Boutignon de payer l'amende avec frais, et, dès le lendemain, ses meubles sont saisis, vendus, et la porte murée par les soins d'un maçon requis à cet effet. Justice expéditive, dont Narbonne se glorifie avec raison ! Mais, trois mois après, le logeur expulsé ayant disparu, le propriétaire de l'immeuble sollicite par requête la réouverture de la porte de sa maison, ce qui lui est accordé, — et Narbonne de déplorer cette condescendance ! *Voilà*, dit-il, *comme les juges se relâchent souvent de la sévérité de leurs jugements, ce qui fait un très mauvais effet pour la police.*

A partir de 1729, les archives de la Prévôté, qui nous ont fait défaut depuis plusieurs années, redeviennent plus riches que jamais en renseignements policiers. Tantôt, c'est le cabaretier Rouppe, du *Dauphin couronné*, qui est roué de coups par ses clients ; tantôt, c'est un garde-chasse du Roi qui est injurié par un grenadier querelleur ; tantôt, ce sont des porteurs de chaises qui se battent sur l'avenue de Sceaux, après avoir joué jusqu'à minuit au *Cadran d'or*. Puis, ce sont des arrestations de filoux ou des rafles de filles galantes, avenue de Saint-Cloud, à *l'Image Saint-Jean*, rue de Paris, au *Soleil levant*, rue de l'Orangerie, à l'*Hôtel de Venise*, rue de la Paroisse, au *Petit Hôtel de Toulouse*, rue de Paris, à la *Tonne d'or*, et surtout à Montreuil, où le Grand Prévôt étendait son droit de juridiction, bien que ce fût en dehors de Versailles, parce que, disait-il, beaucoup de serviteurs de la maison royale y demeuraient. Ainsi, en 1733, un triple assassinat est commis dans un cabaret du Grand-Montreuil ; le cabaretier Fournier et sa femme, ainsi qu'un valet de pied nommé Auzou, en pension chez eux, sont tués ; la police du lieu ouvre une instruction. Mais le Prévôt de l'Hôtel intervient, revendique son droit d'information et se fait remettre le dossier. Cependant Narbonne, commissaire de police du bailliage, protestait peu de temps après contre l'usurpation commise, selon lui, par la Prévôté, qui avait emprisonné deux servantes de l'auberge de *la Belle Image*.

IX

Vers cette époque, les hôteliers versaillais s'émurent de la disparition d'un groupe important de leurs clients habituels. Jusqu'alors, les gardes du corps étaient tous logés et nourris dans les auberges de la ville. En 1730, un ancien garde, nommé Michon dit de Tourterel, investi de la confiance du duc de Noailles qui l'avait pris comme secrétaire, et se donnant la qualité d'ingénieur-géographe, conçut l'idée de l'établissement d'un vaste hôtel où tous les gardes du corps seraient logés et prendraient leurs repas, moyennant une petite retenue sur leur solde. Il proposait de se charger de cette entreprise moyennant la concession du terrain et des matériaux. Son projet sourit au duc de Noailles qui le fit approuver par le Roi, et des travaux furent commencés. Mais Tourterel manquait d'argent, fut vivement attaqué de tous côtés, si bien que le duc de Noailles revint sur sa décision et fit révoquer la concession royale. Il s'ensuivit, de 1730 à 1732, une série de procès entre Tourterel, le duc de Noailles, les gardes du corps et les entrepreneurs restés impayés. Finalement, Tourterel fut emprisonné au For-l'Evêque, condamné, puis exilé à Bourg-en-Bresse, sa patrie, où néanmoins il obtint, comme compensation, une charge d'avocat du Roi.

Mais l'idée avait fait son chemin; le duc de Noailles en poursuivit la réalisation, et un hôtel fut construit aux frais des gardes du corps, qui y furent logés et nourris. Ce dut être une perte pour les hôteliers. Cependant, de nombreux incidents de police prouvent que certains gardes au moins conservèrent des chambres en ville et continuèrent de festoyer ailleurs que dans leur hôtel. En outre, ils fréquentèrent volontiers les cafés qui venaient de s'ouvrir à Versailles, comme nous l'avons remarqué. On n'y dégustait pas seulement la boisson à la mode récemment importée d'Orient et offerte au public par l'Arménien Makara, mais aussi des limonades, de la bière et des liqueurs. On buvait donc beaucoup chez les cafetiers-limonadiers, en y jouant. En 1732, une rixe s'élève chez la veuve Charnacé, limonadière, à l'*Hôtel d'Evreux*, entre un officier de la bouche de la Reine, nommé Castellier, et le sieur de la Guertière. Les témoins de la scène, appelés à déposer devant le lieutenant de police, sont tous des gardes du corps, officiers et capitaines, qui reconnaissent être des habitués de l'établissement, venant chaque jour y jouer en prenant du café ou de la bière. En 1734, des plaintes sont adressées au Prévôt contre des gardes du Roi qui se sont querellés au *Chariot d'or*, place du Marché, et chez Godet, rue Satory. En 1739, M. de Gondrin, garde du corps, dans une requête à la Prévôté, déclare être logé chez Lecot, aubergiste, rue Satory, à l'enseigne du *Petit Saint-Antoine*. En 1742, le *Journal* de Barbier raconte qu'une demoiselle de Versailles, travestie en homme, a prétendu se battre avec un garde du corps dont elle avait à se plaindre, mais que l'aventure s'est terminée gaiement dans une chambre d'auberge. En 1745, à l'occasion de l'assassinat de M. de Galz, trouvé mort dans un bosquet du Parc, la dame Rousseau, tenant l'hôtel du *Duc de Bavière*, rue Mazière, raconte qu'il avait dîné le jour même en compagnie de plusieurs gardes du corps ayant, comme lui, l'habitude de prendre leurs repas chez elle. En 1747, au sujet du meurtre d'un baron polonais, tué par un de ses compatriotes dans l'auberge des époux Dimanche, à *la Fontaine royale*, sur la Petite-Place, M. Gagneraux, garde du corps de la compagnie de Villeroy, appelé en témoignage, déclare qu'il demeure depuis plusieurs mois dans cette auberge. La création de l'hôtel des gardes du corps ne les empêchait donc pas d'avoir des logis en ville, non plus que de fréquenter assidûment les cafetiers-limonadiers.

X

En 1735, furent affichées à Versailles deux ordonnances du lieutenant de police qui méritent d'être mentionnées.

La première, du 9 septembre, nous apprend que, par une singulière tolérance, les officiers et garçons de la maison du Roi avaient l'habitude d'emporter, pour leur usage personnel, l'argenterie et la lingerie royales, chez les aubergistes où ils logeaient. De là des disparitions continuelles de linge et de vaisselle d'argent. On finit par s'en émouvoir, et le Prévôt de l'Hôtel fit défenses à tous officiers, garçons de la maison du Roi, et autres... « de transporter dans leurs maisons, ou dans les cabarets, linge et vaisselle d'argent, sous peine de punition exemplaire, *et 500 livres d'amende pour les cabaretiers* ».

La deuxième ordonnance, du 9 octobre 1735, contenait un tarif imposé aux cabaretiers de Versailles pour les logements et pour certaines denrées. Le Prévôt y taxait *le meilleur vin nouveau de l'Orléanais* à 8 sols la pinte, et *la livre de bœuf, mouton ou veau* à 6 sols. Une chambre *non tapissée*, à un lit, était taxée à 2 sols par jour, et avec deux lits, à 4 sols ; si la chambre était *tapissée*, elle devait être payée 4 et 8 sols par jour. Ces prix, fort minimes, étaient-ils donc applicables partout ? — Evidemment non ; car nous allons voir, par de nombreux exemples, qu'on payait d'ordinaire les logements et la nourriture infiniment plus cher.

Nous avons déjà vu qu'en 1724, à l'occasion d'une réception solennelle de cordons bleus, il vint tant de monde à Versailles qu'on louait les chambres garnies jusqu'à 50 livres par jour. Il en fut de même en 1739, lors du grand bal masqué donné au Château pour le mariage de Madame Première avec Don Philippe, infant d'Espagne ; puis en novembre 1744, pour une réception solennelle du Roi à Versailles; puis en février 1745, à l'occasion des fêtes du premier mariage du Dauphin avec l'infante d'Espagne; puis en février 1747, pour son second mariage avec Marie-Josèphe de Saxe. Dans ces diverses circonstances, les Parisiens affluaient à Versailles, se disputaient les logements, et, notamment en 1745, d'après le *Journal* de Barbier, on payait 150 livres la location d'une chambre pour trois jours.

Les prix des comestibles variaient aussi forcément, suivant les circonstances. Les cabaretiers, logeant tous en garni, et dont le nombre s'élevait, d'après le commissaire Narbonne, vers 1740, à huit cents environ, donnaient à boire et à manger pour des prix très modestes. Mais, dans les auberges, même de second ordre, les repas étaient assez coûteux. On en trouve la preuve tout d'abord dans une supplique adressée, en 1747, au Grand Prévôt par les époux Soilly, aubergistes, rue Saint-François. Cinq individus, dont un garde du Roi, deux commis au bureau des voitures, un concierge de Porchefontaine et un de leurs amis, étaient venus, le 8 août, dîner ensemble dans cette auberge. La note à payer s'éleva à 22 livres 2 sols, savoir :

6 bouteilles de bourgogne à 12 sols. . . .	3 l. 12 s.
Pain	10 s.
Fricassée de poulets aux champignons . .	3 l.
6 pigeons accommodés.	2 l.
Dessert.	1 l.
3 bouteilles de champagne *à 4 livres* . . .	12 l.
Total.	22 l. 2 s.

Il y eut discussion seulement sur le prix du champagne, que les consommateurs ne voulaient payer que 3 livres la bouteille, au lieu de 4. On s'échauffa de part et d'autre, l'aubergiste reçut quelques horions et s'en plaignit à la Prévôté. De là, procès; mais, ce qui est à retenir, c'est ce prix de 3 ou 4 livres par bouteille de champagne en 1747, représentant au moins trois fois plus de notre monnaie actuelle. Et il ne faut pas oublier que l'auberge en question, située rue Saint-François, dans un quartier écarté, ne devait pas être richement achalandée, que les convives n'étaient pas de grands seigneurs, et que le dîner enfin était fort

d'après une gravure du Tableau de Paris
de Séb. MERCIER

modeste, ne comprenant que deux plats et un dessert. Que devaient donc être les prix des copieux repas qui étaient alors d'usage ? — Sans parler des dîners gargantuesques de la table du Roi, si l'on consulte seulement les menus proposés par le sieur Massialot dans son *Nouveau Cuisinier royal et bourgeois*, réédité en 1748, on voit que, pour un petit dîner de six à huit couverts, il était convenable d'avoir deux potages, quatre entrées, trois rôtis, quatre entremets et le dessert à l'avenant. La table devait toujours être garnie de plats, et les vins se succédaient, en commençant par les rouges, puis les blancs et les vins de liqueurs. D'après le simple aperçu de la note de l'aubergiste de la rue Saint-François, on devine déjà ce que pouvait être le prix d'un bon dîner avec vins fins, dans un des hôtels bien fréquentés, comme *le Juste* et l'*Hôtel royal*, rue du Vieux-Versailles ; *le Cadran bleu* et *le Lion d'or*, rue de la Surintendance ; *la Belle Alliance*, rue des Récollets ; *le Tambour royal*, avenue de Saint-Cloud ; *le Mouton rouge, le Chariot d'or* et autres.

Pour les gens logés en chambres garnies, le *Serdeau* offrait, il est vrai une ressource précieuse. On sait que ce nom fut donné d'abord à l'officier chargé de recevoir les restes de la table royale et de les distribuer aux gentilshommes servants, puis à une salle du Grand-Commun où se faisait cette distribution, puis enfin à une série de baraques construites rue de la Chancellerie, à partir du règne de Louis XV, dans lesquelles on vendait au public les nombreuses victuailles revenant du Château à peine entamées et souvent intactes. Les Versaillais trouvaient là, à bon compte, des rôtis de toute sorte cuits à point, de beaux poissons, des volailles de première qualité, qu'ils emportaient dans leurs logis. En 1745, un sieur Gaultier raconte, dans son interrogatoire devant le Prévôt, qu'arrivé à Versailles le jour de Pâques, il loua une chambre rue de l'Orangerie, chez Dubuisson, boulanger, puis alla au Serdeau où il acheta pour 26 sols un canard qu'il revint manger avec son hôte pour son souper. Ouvriers, bourgeois, ou même gens de qualité forcés à l'économie, fréquentaient beaucoup cette espèce de regrat ou marché de comestibles d'occasion. D'autre part, aucune interdiction spéciale ne paraissant s'y opposer, il est présumable que les aubergistes et cabaretiers profitaient aussi de ce moyen d'approvisionnement. Il y avait donc affluence d'acheteurs, et, d'après certains Mémoires, les baraques du Serdeau étaient quelquefois tellement assiégées que les derniers venus ne trouvaient plus rien.

Sans avoir recours aux occasions du Serdeau, il était encore possible de se loger et de se nourrir à des conditions modérées en prenant pension dans une auberge ou chez un traiteur tenant chambres meublées. Ainsi, M. de Beauregard, seigneur du Mesnil, garde du corps, chevalier de Saint-Louis, demeurait chez les époux Martin, traiteurs, rue d'Anjou, moyennant 20 livres par mois pour son logement et 3 livres par jour pour ses repas. Un autre garde du corps louait une chambre pour deux dames moyennant 36 sols par jour. M. Estiven de Boiscaillaud, chirurgien du Roi, prit, pendant quatorze ans, pension chez Petit, hôtelier rue des Récollets, à l'enseigne de *la Belle Alliance*. De même encore, Mme de Broca d'Orignac, femme d'un conseiller au Parlement de Toulouse, était, en 1738, installée comme pensionnaire chez Bayard, au *Tambour royal*, avenue de Saint-Cloud, et elle y resta assez longtemps pour être soupçonnée, peut-être injustement, d'y avoir formé plusieurs liaisons successives. Une lingère de la rue Dauphine, la dame Magnan, lui fit un jour une scène violente en l'accusant d'avoir débauché son mari. Cette femme jalouse s'introduisit dans la chambre de Mme de Broca pendant que le coiffeur Pichard accommodait et frisait cette aimable conseillère, et « dans une étrange colère », dit ce témoin, l'invectiva en la traitant de p..., libertine, etc. La dame Magnan, citée pour ce fait devant le Prévôt, dut être sévèrement réprimandée.

Les prix de pension étaient naturellement proportionnés à la catégorie des pensionnaires, depuis le duc de Croy, logé, nous dit-il dans ses *Mémoires*, à l'*Hôtel Fortisson*, rue des Bons-Enfants, jusqu'aux garçons tailleurs, habituellement logés au cabaret de la veuve Besche, rue de Paris.

Mais, laissant de côté les locataires payant ainsi pension mensuelle, les habitués du Serdeau, les pauvres diables réduits aux chambres à 2 sols, et aussi, à l'inverse, les buveurs de vin de Champagne et les fermiers généraux amateurs de bonne chère, quelle pouvait être, vers 1750, la dépense moyenne d'un bourgeois passant vingt-quatre heures dans une hôtellerie versaillaise ? — Ce devait être de 10 à 15 livres environ, d'après les données suivantes.

UN CAFÉ EN 1763. — Joueurs de tric-trac

En avril 1737, François Le Moyne, peintre du Roi, vient un jour à Versailles avec un domestique et y couche chez Sauvage, aubergiste. La note présentée par celui-ci est de 26 livres 17 sols. En décembre 1747, janvier et février 1748, trois employés d'une administration royale se trouvent forcés de venir, à huit ou dix reprises, passer une journée et une nuit à Versailles, et nous avons l'état détaillé de leur dépense (1). Chaque fois, la note de l'hôtel de *l'Ecu*, où ils se logent, s'élève, pour les trois, à 30 ou 40 livres environ. En y ajoutant le prix des carrosses pour l'aller et le retour, les pourboires (déjà obligatoires et presque aussi élevés que maintenant) aux cochers, valets et servantes, les chaises à porteurs nécessaires à Versailles pendant l'hiver, la dépense totale, pour chaque voyage, monte en moyenne à 75 livres pour trois, soit 25 livres pour chacun, tout compris.

Dix ans plus tard, d'autres indications se rencontrent dans le livre de dépenses (2) du comte de Persan, mestre de camp, lieutenant du régiment Colonel-général. Le 28 décembre 1758, deux voyages à Versailles y sont portés pour 60 livres. Le 19 janvier 1759, un dîner chez Touchez, à Versailles (*Hôtel royal* ou *Hôtel du Juste*), est inscrit comme ayant coûté 48 livres, et, le 26 du même mois, chez Aubry, autre aubergiste versaillais, un dîner : 72 livres. Il est probable que, pour ces deux derniers dîners, le comte de Persan n'était pas seul, bien qu'il ne le mentionne pas ; mais, en tout cas, c'étaient là des repas assez coûteux.

Il semble donc qu'on peut conjecturer qu'au temps de Louis XV, la vie d'hôtel à Versailles était relativement aussi chère qu'aujourd'hui.

XI

De tout temps, le jeu avait été, dans les cabarets, une cause fréquente de querelles et de filouteries. Aussi, le bailli, comme le Grand Prévôt, s'étaient-ils souvent efforcés de le réprimer ? Mais les cafetiers-limonadiers, y trouvant un attrait précieux pour les buveurs, se moquaient des édits et tenaient toujours à la dis-

---

(1) Collection personnelle.
(2) Extrait communiqué par M. le marquis de Persan.

position de leurs clients des cartes, des dés, et aussi, depuis quelques années, un billard. Les jeux de cartes le plus pratiqués alors étaient le *quadrille* (espèce d'hombre se jouant à quatre), le *piquet* et la *triomphe* (ressemblant à l'écarté actuel). C'était surtout à la triomphe que jouaient sur le coin d'une table, en buvant de la bière, les clients de passage. Les habitués cultivaient le trictrac ou les échecs, mais se passionnaient pour le billard, qui avait commencé sous Louis XIII et Louis XIV par n'être qu'un passe-temps royal, puis avait été permis à certains privilégiés, et commençait enfin à s'introduire dans les cafés. On y jouait avec une *houlette*, bâton recourbé par le bout comme la houlette des bergers, et garni d'une petite plaque d'ivoire pour frapper la bille, comme on le voit sur une ancienne caricature reproduite ci-contre. Les parties étaient variées et compliquées, mais l'on pratiquait surtout la *poule* avec des enjeux fort élevés. Dès 1721, nous avons vu que le bailli avait fait défenses à Versailles de laisser jouer au billard après dix heures du soir. En 1740 et 1741, M. de Marville rendit plusieurs sentences pour interdire à Paris les billards chez les limonadiers, mais cette interdiction ne persista pas et ne semble pas avoir été appliquée à Versailles, où l'on ne cessa jamais de cultiver tous les jeux.

En 1745, un tapissier de Paris, cité devant le Prévôt, raconte s'être rencontré au cabaret de *la Grande Fontaine*, que nous connaissons, avec plusieurs personnes venues là pour jouer. Quelques jours après, un sieur Odra, interprète des langues étrangères, arrivant de Nantes, et logé rue des Bons-Enfants, chez Rousseau, sculpteur des bâtiments du Roi, se plaint d'avoir été entraîné à jouer et d'avoir été volé par d'adroits bonneteurs. Dans la même année encore, une longue instruction se poursuit au sujet de filouteries au jeu. Le nommé Gaultier, logé chez Dubuisson, rue de l'Orangerie, déclare être allé deux fois chez la Charnacé, la limonadière de l'*Hôtel d'Evreux*, pour y jouer avec des gardes du corps; il reconnaît aussi avoir joué chez le suisse de la porte du Dragon, mais il nie l'avoir fait au Grand-Commun, où l'on débite aussi, dans une salle publique, de la bière et du café.

En février 1753, le sieur Porchon, entrepreneur des bâtiments du Roi, invite à dîner deux de ses amis chez Lassoc, aubergiste, rue Satory. Après dîner, dans l'après-midi, les trois convives

LE BILLARD
d'après une caricature anglaise

se mettent à jouer en buvant du champagne et continuent jusqu'au souper, puis ils s'y remettent et passent ainsi la nuit entière à jouer. Le lendemain matin, Porchon perdait 132,000 livres ! Il prétend alors n'avoir pas joué sérieusement, mais celui qui a gagné ne l'entend pas ainsi et le traite de malhonnête homme. De là, plainte en diffamation et procès devant la Prévôté.

En 1759, un sieur Grenier, frère du directeur du petit théâtre de la rue Royale, sortant du café Gobin, rue de la Surintendance, est poursuivi par le sieur Saint-Julien, qui l'accuse d'avoir triché et lui donne un coup d'épée.

Un peu plus tard, deux huissiers au Châtelet de Paris, avec un procureur de province, s'installent à l'*Hôtel d'Anjou,* rue de la Chancellerie. Après dîner, ils commencent à jouer au petit palet. L'un des huissiers, Michel Guillon, perdant successivement toutes les parties, s'emporte contre le gagnant, son confrère Antoine Legoix, le traite de f... coquin, f... gueux, et lui donne un si furieux coup de bâton sur la tête, que ce malheureux tombe à terre sans connaissance. L'aubergiste Bidon survient ; un chirurgien, appelé en toute hâte, pratique bien vite une saignée, fait un pansement, prescrit un régime. Et voilà, pour une partie de petit palet, deux huissiers du Châtelet en procès devant la Prévôté de l'Hôtel, à Versailles !

Puis, ce sont deux ébénistes qui vont boire et jouer chez le portier de l'hôtel de Villeroy. Le perdant accuse le gagnant d'être un drôle, un j... f..., et le paye en coups de canne.

Un garçon cordonnier raconte avoir rencontré vingt personnes jouant au billard chez Diot, rue des Récollets, y être resté jusqu'à une heure du matin, puis avoir été souper chez Parisot, cafetier, rue du Vieux-Versailles, y avoir gagné 75 livres à la triomphe, puis, le lendemain, avoir recommencé à jouer au billard toute la journée.

Enfin, l'on connaît l'aventure du beau Neuville, le comédien aimé de la Montansier, qui, à propos d'une partie de billard au café de *la Comédie,* roua de coups de canne un jeune élève architecte de l'Académie royale, et fut, pour ce fait, condamné à l'amende et à l'affichage du jugement.

Comme on le voit, on jouait donc beaucoup dans les cafés et cabarets de Versailles, le jour et même la nuit, et le billard, notamment, y était cultivé avec ardeur.

XII

On a vu que le commissaire de police Narbonne déplorait l'inexécution des règlements prescrivant aux aubergistes de Versailles de déclarer les noms et qualités de leurs locataires. Le 25 février 1756, une nouvelle ordonnance royale fut encore rendue à ce sujet :

> Sa Majesté, voulant prévenir qu'aucunes personnes suspectes se réfugient dans la Ville de Versailles, a ordonné et ordonne que, conformément aux règlements de police, tous aubergistes et hôteliers, logeurs en chambres garnies, par mois ou par jour, seront tenus de faire leur déclaration au greffe de la Prévôté de l'Hôtel, de l'auberge qu'ils tiennent, et de la quantité de chambres que les uns et les autres peuvent louer, comme aussi de représenter, tous les quinze jours au moins, les livres ou livrets sur lesquels ils auront inscrit les noms et qualités de ceux qui logeront dans lesdites auberges ou chambres garnies, à peine, contre chacun des contrevenants, de cent livres d'amende pour la première fois, et de plus grande peine en cas de récidive. Enjoint aux habitants de Versailles de ne recevoir et retirer chez eux aucunes personnes suspectes et inconnues, sans en faire pareillement leur déclaration au greffe de la Prévôté de l'Hôtel, où toutes les déclarations susdites seront reçues sans frais, etc...

Cette ordonnance, publiée le 6 mars 1756 par le Lieutenant de police, fut-elle plus scrupuleusement observée que les précédentes? — Il est permis d'en douter, comme on va pouvoir en juger.

Dans la nuit du 3 au 4 janvier 1757, un individu, de tournure assez louche, arrive de Paris, en chaise, au bureau des voitures de la Cour, avenue de Sceaux. Il invite son cocher à boire avec lui, puis s'installe, pour dormir, sur la paillasse du commissionnaire. Vers huit heures du matin, il demande une auberge et est conduit à l'*Hôtel de Lannion*, tenu par Fortier, rue Satory (n° 25 actuel). C'était une auberge importante, contiguë au cabaret du *Jardin royal*, où avait été ouvert le premier bal public de Versailles. Louis XV, qui aimait ce genre de distractions, y allait parfois masqué, nous rapporte Narbonne. Cet établissement devait donc être particulièrement surveillé par la police. Cependant, le voyageur inconnu, arrivé sans valise ni effets de rechange, peu vêtu pour la saison, ayant des allures bizarres et un air égaré remarqués par l'hôtelière, la dame Fortier, est accueilli par elle sans difficulté et n'est pas signalé comme suspect au commissaire. Il remet seulement, en entrant, comme garantie, un écu de 6 livres, et déclare s'appeler Lefèvre. En réalité, c'est le nommé Robert-François Damiens, qui est sous le coup de poursuites pour vol domestique commis à Paris. On lui donne une chambre, où il se fait servir du pain et du vin, et reste couché jusqu'à trois heures de l'après-midi. Il va ensuite se promener et ne rentre que vers minuit. Le lendemain, il réclame un chirurgien pour se faire saigner, mais la dame Fortier trouve cette demande ridicule et n'y répond pas. Il se rend alors au Château, rôde pendant plusieurs heures dans les cours et sous la voûte du côté de la chapelle ; enfin, vers six heures du soir, au moment où le Roi, sortant de chez Mesdames, va monter en carrosse, il s'approche librement de lui et le frappe violemment au côté d'un coup de canif. On sait le reste de l'histoire... (1), la longue instruction du procès, l'épouvantable torture infligée à ce malheureux fou, qui, d'après le duc de Croÿ, avait besoin d'être saigné tous les quinze jours, et n'aurait, sans doute, pas commis son crime si la dame Fortier lui avait amené le chirurgien qu'il réclamait (2). Quoi qu'il en fût de l'état de santé de Damiens, il paraît certain que les aubergistes de l'*Hôtel de Lannion* avaient tenu peu de compte, en cette occurrence, des recommandations de l'ordonnance de 1756 au sujet des voyageurs suspects ou inconnus, en ne signalant pas cet individu à la police.

Cette négligence était habituelle, car, peu de temps après, le 22 octobre 1757, Baurain, aubergiste, avenue de Sceaux, à l'enseigne de *la Grâce de Dieu*, se plaint qu'un individu inconnu logé chez lui se soit enfui en emportant une fourchette d'argent. L'aubergiste avait accepté ce client indélicat sans même lui demander son nom.

D'un autre côté, le greffier de la Prévôté, chargé de recevoir *sans frais* les déclarations des aubergistes et logeurs, n'en tenait pas sans doute écriture, car, dans les volumineuses archives du greffe, au milieu des innombrables paperasses, souvent sans intérêt, soigneusement conservées et méthodiquement

---

(1) *Pièces originales et procédures du procès fait à Damiens* (4 vol., Simon, 1757).
(2) *Journal du duc de Croy*, tome 1er, p. 384.

classées maintenant à la Préfecture de Seine-et-Oise, on ne trouve pas un seul registre de ces déclarations. Ce n'est que dix-huit ans plus tard, à partir de 1782, que des répertoires, actuellement déposés aux Archives nationales, nous donneront la liste des personnes logées dans les auberges ou chambres garnies de Versailles.

Nous sommes privés ainsi malheureusement, pour une longue période encore, de plus d'un renseignement intéressant. Combien devons-nous, par exemple, regretter de ne pas savoir où se logea, en décembre 1763, la famille Mozart, lors de son séjour à Versailles (1)! On sait que le professeur de musique Léopold Mozart, désireux de tirer gloire et profit de son merveilleux enfant prodige, était venu de Salzbourg à Paris, en novembre 1763, accompagné de sa femme, de sa fille aînée Marianne et du petit Wolfgang, âgé de huit ans à peine, qui venait de composer sa première sonate. Toute la famille reçut, à Paris, l'hospitalité du comte d'Eyck, représentant de l'électeur de Bavière, et demeurant à l'*Hôtel de Beauvais*. Les Mozart firent là un séjour d'un mois environ, s'empressant à beaucoup de visites et se liant avec quelques musiciens, notamment le modeste et savant compositeur allemand Eckard, leur compatriote. A la fin de décembre 1763, sur les conseils de Grimm et de la comtesse de Tessé, dame d'honneur de la Dauphine, Léopold Mozart décida d'aller se fixer à Versailles. Il y arriva le 24 décembre et s'installa, avec sa femme et ses enfants, dans une de nos hôtelleries versaillaises. Dès le lendemain, le petit Wolfgang, conduit par son père à la chapelle du Château, eut une joyeuse surprise musicale en entendant les airs populaires joués sur l'orgue et à l'orchestre, à l'occasion de la fête de Noël. Cette musique française, que son père lui avait laissé ignorer, fut pour lui une révélation, et, en rentrant à son auberge, il s'empressa d'en rechercher le souvenir sur son clavecin. Il eut, en outre, les jours suivants, occasion d'entendre les meilleures œuvres de nos compositeurs dans les concerts auxquels il assista à Versailles.

Tout imprégné ainsi de ces mélodies françaises, le jeune Mozart écrivit alors, dans sa petite chambre versaillaise, ses

---

(1) Voir, à ce sujet, la très intéressante étude de M. F. de Wyzewa publiée dans la *Revue des Deux-Mondes*, en décembre 1905, sous le titre : *La Jeunesse de Mozart*.

deuxième et troisième sonates en *ré majeur* et en *sol majeur*. De ce jour, dit-on, date l'influence du génie français sur les immortelles créations de celui que Rossini plaçait au-dessus de tous les musiciens.

Quelle est l'auberge qui a eu la gloire d'assister ainsi à l'éclosion du génie de Mozart? — Nous sommes malheureusement réduits aux conjectures. Léopold Mozart ne donne, paraît-il, aucune indication à cet égard, dans sa correspondance, soigneusement compulsée par M. de Wyzewa. Il se plaint seulement d'avoir dépensé *près de douze louis d'or* pendant son séjour à Versailles, en y comprenant les chaises à porteurs, inévitables, dit-il, en la saison d'hiver, à raison de 12 sols par course. Nous pouvons en induire seulement que la famille Mozart n'était pas installée dans un des bons hôtels dont nous avons supputé les prix, comme l'*Hôtel du Juste*, l'*Hôtel royal*, l'*Hôtel des Ambassadeurs*, ou même l'*Hôtel de l'Ecu*, car elle y aurait dépensé, en quinze jours, bien plus de douze louis. D'autre part, le professeur salzbourgeois, soucieux de sa dignité, s'attendant à recevoir d'importants personnages, n'aurait pu se loger ni dans une auberge de bas étage, ni dans un quartier trop éloigné. Enfin, il ne devait pas être à la porte même du Château, puisqu'il était forcé de faire usage de chaises à porteurs pour s'y rendre. Peut-être, sur l'indication du ministre de Bavière qui l'hébergeait à Paris, Léopold Mozart était-il descendu à l'auberge du *Duc de Bavière*, rue Mazière? — Ce n'était pas trop loin, la maison était assez bien fréquentée, et les prix devaient y être modérés. Peut-être encore alla-t-il, de préférence, chez un nommé Eckard, fixé à Versailles depuis 1758? — Cet Eckard devait, en effet, être compatriote ou parent du musicien fréquenté à Paris par les Mozart. Quelques années plus tard, nous verrons que Beaumarchais, qui donnait des leçons de harpe à Mesdames, prit logement chez Eckard. N'y aurait-il pas quelque vraisemblance à supposer que ce fut la demeure choisie par la famille Mozart?... — Mais, hâtons-nous d'ajouter que bien d'autres maisons meublées, ou auberges, étaient tenues ou fréquentées par des Allemands ou des musiciens du Roi et pourraient donner lieu aux mêmes conjectures.

XIII

Si nous sommes dépourvus de renseignements sur les voyageurs de marque des bonnes hôtelleries versaillaises, en revanche, les archives de la Prévôté nous font trop bien connaître la clientèle, fort mêlée, des auberges d'un rang inférieur.

En août 1763, plusieurs tabatières d'or sont volées au Château. On soupçonne une troupe d'Italiens logés dans l'auberge du *Coche royal*, avenue de Sceaux, à côté du bureau des voitures. Les gardes de la Prévôté vont y perquisitionner, mais les Italiens ont déjà décampé, sauf un seul, le nommé Murco, de Venise, qui proteste de son innocence et ignore ce que sont devenus ses compatriotes. Une enquête minutieuse établit seulement que les inculpés ont mangé, pour leur dîner, de la soupe, du bouilli et du pied de veau, et qu'il leur en a coûté, pour chacun, 15 sols. Quant aux tabatières, elles ne sont pas retrouvées.

En octobre 1763, la veuve Brunet, logeuse, se plaint d'avoir été volée par une de ses locataires, qui s'est enfuie en emportant une courtepointe, plusieurs draps, des robes, des chapeaux, des boutons d'argent, de la dentelle, etc... La fille Denise Laitier, arrêtée pour ce fait, est condamnée à être fustigée, nue, de verges, exposée au carcan sur la place du Marché, puis emprisonnée. Intéressant spectacle public pour la populace versaillaise !

En 1766, un fait curieux nous est révélé par une plainte du sieur Amagat, domestique de l'abbé Ligier, chapelain du Roi. Il était admis, paraît-il, qu'en l'absence des chapelains, tous pourvus d'un appartement au Grand-Commun, leurs logements soient loués en garni au profit de leurs domestiques. Une dispute surgit pour le paiement du loyer entre Amagat et deux écuyers du Roi, MM. d'Igny et Coutellier, qui occupent ainsi l'appartement de l'abbé Ligier. D'autre part, nous savons qu'un café public était aussi installé dans le Grand-Commun et exploité par le suisse au service du Roi. Jean-Jacques Rousseau dit, dans ses *Mémoires*, y avoir déjeuné le jour de la représentation de son *Devin du village*, devant la Cour. Nous verrons bientôt qu'on y soupait

UNE TABLE D'HOTE
d'après

...ES SOUS LOUIS XVI
...nglaise

aussi et qu'on y jouait habituellement. Le Grand-Commun, dépendance du Château, devenait donc une vaste auberge où l'on se moquait aisément des commis et de la police.

Le 8 janvier 1770, il y avait grand concours de monde chez Parisot, *traiteur*, *faisant noces et festins*, avenue de Paris, à l'enseigne du *Grand Salon*. C'était à l'occasion du mariage du fils d'Harmandy, le chaudronnier de la rue Saint-Pierre. On dansa jusqu'au lendemain matin, puis, après avoir déjeuné et longuement dîné, on se remit à danser. Vers neuf heures du soir, le grenadier Ducro et un garde des bâtiments du Roi, nommé Baugrand, très égayés, échangent leurs uniformes et se promènent ainsi dans la rue de Montreuil. Le fils Flamion, menuisier, leur crie : *A la chienlit!* — Ducro, se disant insulté, met l'épée à la main et en donne un grand coup, par l'entre-bâillement de la porte de Flamion. La mère de ce dernier reçoit le coup et est gravement b'essée. Une plainte est déposée, une instruction ouverte. Qui a donné le coup d'épée? — C'est, disent les témoins, un garde des bâtiments. — Non, disent les gens de la noce, c'est le grenadier revêtu de l'habit du garde! — Le lieutenant criminel a quelque peine à s'y reconnaître, et la noce entière est citée devant la Prévôté.

En 1771, Dechelles, bourgeois de Versailles, et Heilmann, musicien des gardes suisses, sortant de souper, *après minuit*, de chez la veuve Caumont, aubergiste, rue de Conty, s'arrêtent pour boire du ratafia, chez la dame Racine, près de la caserne des gardes-françaises. Ils s'y rencontrent avec d'autres consommateurs ; une querelle survient, à propos d'une prune à l'eau-de-vie, et l'on se bat dans la rue. On voit que les cafés étaient loin de fermer à dix heures, suivant les règlements!

En avril 1772, le cocher du marquis de Najac se dispute avec l'aubergiste de l'*Hôtel de Chevreuse*, rue de l'Orangerie, au sujet d'une fourniture de fourrage. Nous y apprenons qu'un boisseau d'avoine se payait 28 sols et une botte de foin 12 sols.

En juin, Denis Toutain, pâtissier-traiteur, rue des Bons-Enfants, est poursuivi pour avoir loué des chambres garnies à des filles prostituées. Il proteste de son ignorance, mais reconnaît avoir loué ses chambres à raison de 30 sols par jour.

En septembre, il y a bal de noce chez la dame Laurin, aubergiste à *l'Image Saint-Nicolas*, rue des Chantiers. Deux danseurs se querellent; Michel Camelet, l'un d'eux, palefrenier des gendarmes, reçoit un soufflet, puis l'on va se battre aux environs.

Le 15 décembre 1772, une femme Mingot est trouvée morte, égorgée, dans la chambre qu'elle occupait depuis deux jours, chez Robert Lemiraux, hôtelier, place Dauphine, à l'enseigne de *la Belle Image*. La Prévôté informe.

Il y avait à Versailles une jeunesse turbulente dont le Grand Prévôt s'efforçait vainement de réprimer les écarts; c'étaient les pages du Roi, de la Reine, des princes, de la Grande et de la Petite Ecurie et autres. Ils fréquentaient cafés et auberges, y faisaient de galantes rencontres, et trop souvent s'y livraient au libertinage. Le 31 octobre 1772, le Grand Prévôt fait défenses à tous limonadiers et aubergistes de donner à manger ou à boire aux pages, de leur vendre vins ou liqueurs, et de leur louer aucune chambre garnie. Malheureusement, ces défenses sont souvent enfreintes. Le 19 juin 1773, une sentence de la Prévôté condamne l'aubergiste Peschou à 300 livres d'amende pour avoir reçu dans sa maison deux filles accompagnées d'un page de la Grande Ecurie, et ordonne qu'en cas de récidive la porte de la maison sera murée et l'auberge interdite. En même temps, le Prévôt réitère à tous les cafetiers-limonadiers ses défenses de recevoir des pages et de leur rien vendre, même à emporter.

En septembre 1773, les gardes arrêtent chez Simonnet, aubergiste à *la Fleur de Lys*, avenue de Sceaux, un particulier nanti d'une grande quantité de louis d'or. On le croit coupable de plusieurs vols dont l'auteur est resté inconnu.

En novembre, grande affluence à Versailles, pour le mariage du comte d'Artois. A cette occasion, la dame Drouin, tenant l'auberge de *l'Aigle d'or*, rue Satory, déclare qu'elle a loué ses chambres à raison de 3 livres par jour pour les trois premiers jours du mariage, et de 30 sols les jours suivants. Parmi ses locataires sont deux jeunes femmes élégantes, présentées par M. de Lignerac, garde du corps, et disant être venues à Versailles pour prendre part aux fêtes. L'une, vêtue d'une jolie robe Dauphine, s'appelle Mme de Blorac, mais répond au surnom suggestif de Plaisir; l'autre est Mme Duvernay, limonadière à Paris. Ces deux dames portent plainte mutuellement l'une contre l'autre, s'accusant réciproquement de coups et d'injures. Mme de Blorac, dite Plaisir, aurait même joué du bâton sur la personne de son ex-amie la belle limonadière. De là, procès devant le Grand Prévôt.

On pourrait citer encore maints autres faits du même genre.

XIV

L'ordonnance royale de 1756 sur la police des auberges n'était décidément pas mieux observée que ses devancières. Le 5 mars 1774, le Procureur du Roi le constatait avec regret, en adressant au bailli une requête dans laquelle il rappelait ses injonctions réitérées, et ajoutait :

> Que, néanmoins, le Procureur du Roi est informé que la plupart des aubergistes, hôteliers, loueurs en chambres garnies, logeurs et logeuses, négligent de satisfaire à ladite ordonnance, et de faire leurs déclarations en notre greffe conformément à ladite ordonnance... Et comme l'intention de Sa Majesté ne doit être éludée sous aucun prétexte, et qu'il est du devoir du Procureur du Roi d'y veiller, etc... En requiert l'exécution.

Sur cette expresse réquisition, le bailli ne manqua pas de prescrire une fois de plus aux hôteliers versaillais d'inscrire et déclarer les noms et qualités de leurs clients. Mais on peut se demander toujours si ce fut parfaitement exécuté.

On voit, en effet, en avril 1775, le sieur Bouquiet, tenant la grande auberge de *l'Image Saint-Claude*, avenue de Paris (actuellement n° 55), se plaindre d'avoir dans ses écuries dix chevaux abandonnés par des particuliers restés inconnus. On découvre que ces clients suspects, et non signalés à leur arrivée par l'aubergiste, formaient une troupe de voleurs de grand chemin recherchés par la maréchaussée, et qui s'étaient ainsi tranquillement installés avec leurs chevaux à *l'Image Saint-Claude*, jusqu'au moment où ils avaient dû s'enfuir précipitamment.

De même, en 1776, Simonnet, maître de l'hôtel de *la Croix blanche*, rue de l'Orangerie, dépose une plainte contre un particulier qui, après avoir passé deux jours dans son auberge et y avoir amené trois convives à souper, a disparu en emportant plusieurs couverts d'argent. Simonnet expose que ce particulier indélicat était vêtu d'un frac gris avec cordon noir, et lui avait fait retenir son logement par un domestique, mais il ne s'est pas enquis de ses nom et qualités.

De même enfin, à *la Belle Image*, place Dauphine, à *l'Aigle d'or*, rue Satory, au *Coche royal*, avenue de Sceaux, au *Chapeau rouge*, au *Vert-Galant*, sur la place du Marché, les aubergistes reçoivent trop facilement de nombreux clients, sans s'inquiéter de leur identité.

Les cafetiers-limonadiers et les cabaretiers ne respectaient pas davantage, de leur côté, les règlements de police, en ce qui concernait la fermeture de leurs établissements à dix heures du soir. En décembre 1774, une enquête judiciaire nous montre, par exemple, qu'au *Café de la Comédie*, tenu par Raclo, rue du Vieux-Versailles, on jouait au billard durant toutes les nuits. C'était si général d'ailleurs, que le bailli, à la requête du procureur du Roi, crut devoir publier, le 2 décembre 1776, un arrêté faisant « défenses à tous *cabaretiers, limonadiers, chaircuitiers, pâtissiers et autres marchands de quelque espèce qu'ils soient* », d'avoir leurs boutiques ouvertes ni de recevoir aucunes personnes chez eux, ni d'y donner à boire *même pendant la nuit de Noël*, passé dix heures du soir, à peine de 100 livres d'amende.

Une institution nouvelle vint pourtant bientôt augmenter la surveillance des aubergistes et cabaretiers versaillais, ce fut la création des communautés formées en vertu d'un édit royal d'avril 1777. Il y eut dès lors à Versailles une communauté régulièrement organisée de *cabaretiers, aubergistes, cafetiers, limonadiers*, et une autre de *traiteurs, rôtisseurs, pâtissiers*. Le premier syndic des cabaretiers-aubergistes fut Jean-Louis Amaury, maître limonadier, dont la maison, bien connue, existe encore, comme au XVIIIe siècle, rue de la Pompe (rue Carnot), au coin de l'avenue de Saint-Cloud. Il eut pour adjoint Philippe De la Noë, cabaretier rue de l'Orangerie. Le syndic des traiteurs fut Nicolas Garnier, pâtissier rue Satory, et son adjoint fut Jean Prévost, pâtissier aussi, rue Royale. Ces syndics n'avaient pas seulement pour mission de veiller aux intérêts de leurs corporations, mais encore d'assurer l'exécution des règlements de police. Ils présidaient à la réception des maîtres, aux contrats d'apprentissage, devaient faire de fréquentes visites chez tous les membres de la communauté, pour empêcher les fraudes commerciales et la concurrence déloyale, et garantissaient au public la bonne qualité des denrées et boissons mises en vente.

A partir de cette époque, il fallut être pourvu d'un brevet délivré par la communauté, avec permission du Roi, pour tenir à Versailles une auberge, un café ou un cabaret. La maîtrise était accordée sur le vu d'un certificat de bonnes vie et mœurs, après enquête, examen et paiement d'un droit perçu au profit du Roi. Le maître hôtelier ou limonadier ainsi agréé ne pouvait trafiquer de son privilège, le céder ni le louer, et n'avait le droit d'exploiter qu'un seul établissement. Certaines fraudes se produisirent ; des maîtres cabaretiers imaginèrent de faire tenir plusieurs boutiques par des gens à leur service. Mais le syndic Philippe De la Noë fut averti ; il cita les contrevenants devant le bailli, qui les condamna à la suppression de leurs privilèges et à des dommages-intérêts, et ordonna l'affichage et la publication de la sentence.

Des conflits singuliers s'élevèrent d'autre part entre les diverses communautés créées ainsi par l'édit de 1777, avec des privilèges particuliers. Les pâtissiers-traiteurs revendiquèrent le droit exclusif de faire des pâtes au beurre et aux œufs, et obtinrent du bailli une sentence interdisant aux boulangers de faire de la pâtisserie, sous peine de confiscation et de dommages-intérêts.

Il faut reconnaître que, malgré ces entraves à la liberté du commerce, les aubergistes, traiteurs, limonadiers et cabaretiers étaient pourtant de plus en plus nombreux à Versailles et y faisaient d'excellentes affaires. Un exemple nous fait connaître la valeur locative d'une hôtellerie versaillaise à cette époque. Par acte notarié du 14 février 1777 (1), les époux Dubuisson de la Boulaye vendaient aux consorts Cécire, moyennant 80,000 livres, une maison construite par eux rue de la Chancellerie (n° 18 actuel), et occupée par l'auberge dite *Hôtel des Ambassadeurs*. Il était mentionné dans l'acte que cet immeuble était loué, par bail remontant à 1771, moyennant un loyer annuel de 8,500 livres, à la veuve Gournail, tenant le susdit hôtel. C'était un loyer fort élevé, car la maison était de dimensions restreintes

---

(1) Collection personnelle.

et l'on sait la valeur de l'argent au xviii° siècle. C'était aussi, pour le bailleur, même en prenant pour base le prix de vente de 1777, un revenu double de la moyenne ordinaire. On peut en conclure que les locaux disponibles pour hôtelleries étaient difficiles à trouver et se payaient cher.

XV

A la fin d'avril et au commencement de mai 1777, Jacques-Pierre Delcroc, tenant l'auberge *du Juste*, rue du Vieux-Versailles (n° 6 actuel), eut la rare bonne fortune d'héberger un puissant souverain. L'empereur d'Autriche Joseph II, frère de la reine Marie-Antoinette, venant faire séjour à Versailles, avait, par originalité, refusé d'être logé au Château; voyageant sous le nom de comte de Falkenstein, il avait tenu à descendre dans une hôtellerie, comme un simple particulier. On avait donc retenu, pour lui et sa suite, des appartements à l'*Hôtel du Juste*, estimé sans doute le meilleur de la ville, puis on avait eu le soin de faire garnir de meubles de la Couronne les deux pièces principales. Malgré le prétendu incognito et la simplicité affectée par l'Empereur, ce fut une grosse affaire pour l'aubergiste. Les nouvellistes et chroniqueurs, célébrant les vertus et l'esprit de *l'illustre voyageur*, racontèrent à l'envi ses moindres faits et gestes. Deux ou trois relations spéciales en furent publiées (1).

L'*Hôtel du Juste* devint l'objet de la curiosité générale et fut envahi par la foule des courtisans désireux d'approcher de l'empereur Joseph II. Ce fut une superbe réclame et une source abondante de profits pour l'heureux aubergiste Delcroc.

Trois mois après, arriva à Versailles un autre personnage moins haut placé, mais qui suscita une curiosité non moins vive. C'était l'étrange aventurier se faisant passer pour femme et connu sous le nom de chevalière d'Eon (2). Après les aventures les plus romanesques, la prétendue demoiselle d'Eon rentrait en

---

(1) Duval-Pyrau, *Journal et anecdotes intéressantes du voyage du comte de Falkenstein* (1 vol. in-8°, 1777).

Mayer, *M. le comte de Falkenstein, ou Voyage de l'Empereur* (1 vol. in-8°, 1777).

(2) Voir *La chevalière d'Eon à Versailles*, de 1777 à 1779 (1 vol., 1901).

L'Empereur JOSEPH II, a Versailles

France avec obligation, de par ordre du Roi, de ne porter que des vêtements féminins. Elle prit pension d'abord dans une famille versaillaise installée à Montreuil, puis demeura dans un logement meublé, où elle se faisait apporter ses repas par un cabaretier-traiteur du voisinage. Nous possédons quelques-unes des notes de ces fournitures (1), et nous y voyons, par exemple, que Godard, traiteur à Montreuil, se faisait payer 5 livres pour un civet de lièvre, 2 livres une épaule de mouton, 4 livres pour un faisan rôti. Les petits pâtés de rigueur étaient à 1 sol, et les échaudés, fort goûtés alors, coûtaient 6 sols la douzaine.

En 1778, la chevalière d'Eon alla demeurer dans un petit pavillon de la rue de Noailles. Ce fut alors le traiteur Lolandre, demeurant aussi rue de Noailles, qui lui fournit ses repas. Le 9 septembre, Mlle d'Eon recevait quelques amis à dîner, et voici la note des fournitures de Lolandre à cette occasion :

	Livres.	Sols.
Un melon.	1	4
Une matelote d'anguille et une carpe.	9	
Deux poulets à l'italienne.	4	
Une noix de veau à l'oseille.	4	
Une compote de quatre pigeons.	4	
Un lapin à la poulette	4	
Cuisson d'un aloyau et sauce hachée.	2	
Un levraut piqué à la broche	3	
Trois perdreaux piqués à la broche.	5	
Une tourte de frangipane de.	3	
Un plat de haricots verts de.	2	
Un plat d'artichauts frits	2	
Crème fouettée.	5	
Un quarteron de poires et douze pêches.	4	16
Deux seaux de cerneaux	1	10
Echaudés.		12

La chevalière d'Eon, malgré ses talents variés, son esprit d'intrigue et ses hautes relations, n'avait pas un grand train de maison, et le traiteur Lolandre, de la rue de Noailles, n'avait aucune célébrité. Le menu copieux qu'on vient de voir permet d'imaginer ce qu'étaient les repas servis au comte de Falkenstein à l'*Hôtel du Juste*, et ce qu'ils devaient coûter.

La cuisine des auberges de Versailles était d'ailleurs renommée

(1) Coll. pers.

dans l'Europe entière, et il y en avait pour tous les goûts. Certaines maisons, fréquentées surtout par les Allemands, excellaient dans la préparation de la choucroute et des saucisses. D'autres, plus raffinées, offraient des rôtis variés, de beaux poissons, des ragoûts de toute sorte, des crèmes et des pâtisseries. Deux caricatures anglaises contemporaines, reproduites ci-contre, représentant des tables d'hôte versaillaises, peuvent être complétées par cette description de Séb. Mercier, dans son *Tableau de Paris* :

> Le centre de la table (vers ce qu'on appelle les pièces de résistance) est occupé par des habitués qui s'emparent de ces places importantes et ne s'amusent pas à débiter les histoires qui courent. Armés de mâchoires infatigables, ils dévorent au premier signal. Leur langue épaisse, et inhabile à articuler, sait, en revanche, faire descendre dans leur estomac les plus gros et les meilleurs morceaux... Malheur à l'homme lent à mâcher ses morceaux ! Placé entre ces avides et lestes cormorans, il jeûnera pendant le repas ; en vain il demandera sa vie aux valets qui servent, la place sera nette avant qu'il ait pu se faire servir.

XVI

En cette année 1778, le bailli de Versailles et le Prévôt de l'Hôtel semblaient rivaliser de zèle pour la surveillance des auberges et cabarets. Du 5 juin au 10 décembre, on rencontre au moins quatre ou cinq ordonnances rendues par eux sur ce sujet. La première, signée du bailli, Messire Joseph Froment, *concernant l'observation des fêtes*, contenait les dispositions suivantes :

> Ne pourront les hôteliers, cabaretiers, marchands de vin, limonadiers, vendeurs de bière et eau-de-vie, ouvrir leurs cabarets, salles ou boutiques, les dimanches et fêtes, depuis neuf jusqu'à onze heures du matin, ni depuis deux jusqu'à quatre heures de relevée, à peine de cinquante livres d'amende, qui sera double pour chaque récidive.
>
> Enjoignons aux maîtres de jeux de paume et de billard de refuser l'entrée de leurs jeux à ceux qui s'y présenteraient, à dessein de jouer, aux heures et sous les peines portées en l'article précédent.

La deuxième ordonnance, émanant, celle-ci, du Grand Prévôt, en date du 5 septembre, faisait cette curieuse constatation :

Personne n'ignore, disait-il, que les suisses et portiers des maisons royales donnent à boire et à manger, et que nombre de ces marchands étalent et vendent des marchandises dans ces mêmes maisons...

Il en concluait avec raison que ces suisses, portiers, vendeurs de comestibles dans le Château et ses annexes, devaient être assujettis aux mêmes règlements que les autres marchands de Versailles, et qu'en conséquence, ils devaient subir les visites et perquisitions des agents de la Prévôté.

Quelque temps après, le Prévôt de l'Hôtel observait encore que les suisses et portiers contrevenaient journellement aux règlements interdisant aux hôteliers et cabaretiers d'ouvrir à des heures indues; il leur faisait défenses expresses de donner à boire et à manger pendant la nuit et autres heures indues, et pendant le service divin les dimanches et fêtes, à peine de 50 livres d'amende.

Le 4 novembre, une ordonnance royale revenait de nouveau sur les déclarations prescrites aux logeurs et aubergistes, en leur faisant défenses de recevoir des femmes de mauvaise vie, à peine de 500 livres d'amende.

Le 9 décembre, le bailli, à son tour, fit imprimer et publier une longue ordonnance générale de police réunissant et renouvelant tous les règlements précédents. Le titre II, concernant les *auberges, maisons et hôtels loués garnis*, réitérait l'obligation de tenir un registre d'entrée et de sortie, de le faire viser chaque mois par le commissaire de police, et ajoutait qu'en cas d'inexécution, les aubergistes seraient civilement responsables des délits qui pourraient être commis par les personnes logées chez eux et seraient, en outre, condamnés à une amende de 50 livres. Au titre X, il était enjoint de nouveau à tous cabaretiers, limonadiers, maîtres de jeux de billard et autres, de renvoyer leurs consommateurs et de fermer leurs maisons et boutiques au plus tard à dix heures du soir, du 1er octobre au 1er avril, et à onze heures pendant le reste de l'année, à peine de 20 livres d'amende.

Enfin, le 10 décembre 1778, une dernière ordonnance du Prévôt de l'Hôtel défendit aux cabaretiers, limonadiers, aubergistes, de *donner, fournir, envoyer ou porter aux pages, soit du vin, soit du café, rafraîchissements ou liqueurs, même de les recevoir chez eux*, sous peine, à l'égard des maîtres, de perdre le prix de leurs fournitures et de 500 livres d'amende, et à l'égard des garçons ou commissionnaires, à peine de prison.

Malgré ce luxe de prescriptions et de règlements, il y avait alors tant d'auberges, tant de logeurs en garni, tant de cabaretiers ou limonadiers et tant d'affluence à Versailles, que les contraventions, les délits, les crimes même n'étaient pas rares, et que la police demeurait souvent impuissante. Ainsi, durant cette même année 1778, où le bailli et le Prévôt déployaient à l'envi un zèle si louable pour la sécurité de la ville, on signale en juin un *vol à main armée*, commis en plein jour dans le cabaret du *Petit Trou*, avenue de Sceaux, et un autre chez le cabaretier Bougleux, avenue de Saint-Cloud. Le 23 juillet, vers minuit, violent tapage chez le logeur Milon, qui envoie chercher la garde. Mais les tapageurs récalcitrants, parmi lesquels est un palefrenier de la Grande-Ecurie, livrent bataille aux soldats, blessent gravement le caporal et un garde, puis s'enfuient sans être arrêtés. Le 3 octobre, François Finot, aubergiste à l'*Hôtel de Vienne*, rue des Bons-Enfants, dépose une plainte contre un inconnu, ayant un accent étranger, élégamment vêtu, qu'il reconnaît avoir logé pendant huit jours, à raison de 20 sols par jour, sans lui avoir demandé son nom. Cet inconnu a disparu en dévalisant le locataire de la chambre voisine de la sienne, lequel déclare qu'il lui a été pris notamment : un habit de moire bleu céleste, un autre de drap galonné d'or, une culotte de velours de quatre couleurs, plusieurs autres culottes, dix chemises fines garnies de dentelle, six paires de bas de soie, etc... Le voleur fut retrouvé ; c'était un Anglais ; il fut condamné aux galères, après avoir été fustigé.

Dans le même mois d'octobre 1778, chez Vieillée, traiteur, rue de la Pourvoirie, au *Perroquet vert*, une voleuse est arrêtée. Elle est condamnée, par le bailli, à être fouettée de verges sur la place du Marché, puis marquée et bannie. En novembre, une rixe éclate à l'*Hôtel du Juste* et un marchand boucher y est sérieusement blessé. Une série d'incidents analogues se produisent, en 1779, à l'auberge *Saint-Nicolas*, rue des Chantiers ; à l'*Hôtel de Jouy*, rue des Récollets ; à l'*Hôtel des Treize Cantons*, rue de la Chancellerie ; au *Cheval rouge*, rue du Vieux-Versailles ; au *Vert-Galant*, rue des Fripiers ; au *Cheval blanc*, rue de la Pourvoirie ; chez Messein, à l'*Hôtel Saint-Louis*, rue de Paris. Même dans le café tenu au Grand-Commun par Oberson, suisse

d'après une caricature anglaise

de la chapelle, on joue et l'on se querelle après boire, sans que la police intervienne. Le 14 décembre 1779, le sieur Lesbath, maître perruquier, accompagné de son garçon, le sieur Rambourg, au service de la marquise de Castries, et un quatrième individu sont attablés, vers neuf heures du soir, dans une salle de l'entresol du café d'Oberson. Après souper, ils se mettent à jouer, puis se disputent. Lesbath lance une bouteille à la tête de Rambourg, qui tombe assommé. Aux cris des assistants, la dame Oberson monte, avec son garçon de boutique, savoir ce qui se passe. Elle voit le malheureux étendu tout sanglant, mais ne paraît pas s'en émouvoir beaucoup, car elle ne prévient pas la police. Ce n'est qu'un mois après que, sur une plainte déposée par le blessé, revenu à la vie, une instruction est ouverte contre le perruquier Lesbath. Quant à Oberson, maître du café où s'est produite la scène, il n'est nullement poursuivi.

En février 1781, une requête du procureur du Roi nous révèle l'audace inquiétante de la population versaillaise. Un sieur Nocturne, garçon d'écurie des époux Huvé, aubergistes, boulevard du Roi, à l'enseigne de *Notre-Dame*, ayant brutalisé les jeunes enfants de la veuve Chauveau, un sergent des invalides de service veut saisir le coupable. Nocturne résiste, injurie le sergent et lui prend son épée. Le sergent va chercher mainforte au corps de garde du boulevard du Roi. Le poste tout entier, sous la conduite du brigadier, se rend à l'auberge des époux Huvé et s'empare de Nocturne. Mais les Huvé interviennent, ameutent les voisins, les passants; la foule s'amasse, menace le poste, et l'émeute est telle que le brigadier se décide à lâcher son prisonnier, *dans la crainte de révolte publique.* Déjà la porte d'entrée du corps de garde était brisée et la populace y faisait irruption.

Ainsi, des bourgeois versaillais, maîtres aubergistes, osaient braver l'autorité, fomenter la révolte! C'était grave, et le procureur du Roi en était justement ému.

Le bailli redoubla de rigueur et de précautions. Le 12 novembre 1781, il fit publier et afficher dans toutes les auberges de Versailles une ordonnance rappelant les anciens règlements de police, imposant aux hôteliers de renouveler leurs déclarations, de produire leurs livres à toute réquisition, et punissant les contrevenants non plus seulement de 50 ou 100 livres d'amende, mais de 500 livres d'amende, sans préjudice de poursuites par les voies extraordinaires.

En outre, par une autre ordonnance du 8 janvier 1782, rendue conformément à une délibération de la communauté des aubergistes, produite par les syndics, le bailli déclara que tous les garçons seraient tenus de se faire inscrire sur un registre spécial tenu par le clerc de la communauté, qu'ils ne pourraient être acceptés par les maîtres que sur la production d'un billet constatant cet enregistrement et devraient toujours en rester munis.

Nous allons voir que ces prescriptions sévères furent enfin suivies d'une exécution sérieuse et de résultats utiles.

XVII

De 1782 à 1787, on est largement documenté sur la clientèle des auberges de Versailles. Il existe, en effet, aux Archives nationales (1), quatre gros in-folio intitulés : *Registres des entrées chez les logeurs*, qui sont les Répertoires du bureau de police versaillais chargé d'enregistrer les déclarations journalières des aubergistes et logeurs. On y trouve, à partir des premiers mois de 1782, jour par jour, et suivant un classement alphabétique, les noms et qualités de toutes les personnes descendues chez les divers hôteliers de la ville. Chacun de ces registres ayant de 500 à 700 pages, et 30 ou 40 lignes par page, contient donc environ de 15,000 à 25,000 mentions de ce genre. A côté de la foule des noms inconnus d'ouvriers, commerçants, voituriers ou autres, on rencontre, notamment sous la lettre D, de longues listes de nobles personnages venant prendre logis dans les hôtelleries versaillaises. Plus de deux cents aubergistes ou logeurs sont mentionnés sur ces registres, mais on remarque que la clientèle la plus nombreuse et la plus brillante se presse d'abord chez Delcroc et chez Touchet, rue du Vieux-Versailles, va aussi chez Gournail, rue de la Chancellerie, puis chez Lemiraux, place Dauphine, chez Amagat et Meunier, rue des Récollets, chez Fortier,

---

(1) Arch. nat., O¹ 3708 à 3711.

rue Satory, enfin se rencontre encore chez Lebreton, Fougeas, Billioux, Fresson et quelques autres. Ces précieux et volumineux documents n'ont qu'un défaut, c'est de ne pas indiquer les enseignes adoptées par les aubergistes, de sorte qu'on éprouve quelque difficulté à identifier certaines hôtelleries notables. En voici un exemple.

Le 5 juillet 1781 (1), l'empereur Joseph II annonçait de nouveau à son ministre en France, le comte de Mercy-Argenteau, sa prochaine arrivée à Versailles, en lui disant : « Vous voudrez donc vous arranger *avec M. Touchet* ou un autre tenant hôtel garni à Versailles, pour qu'on m'y retienne vers ce temps-là un logement. » Et Mercy de lui répondre, le 18 juillet : « J'ai retenu à Versailles pour la fin de ce mois, *chez le baigneur Touchet*, le même appartement que Votre Majesté y a occupé. » Or, nous avons répété, d'après les historiens de *l'illustre voyageur*, qu'il avait été logé en 1777 à l'*Hôtel du Juste*. C'est donc là qu'il est descendu de nouveau en 1781. Mais nous avons attribué à l'aubergiste *Delcroc* et non pas à *Touchet* l'honneur d'avoir hébergé ainsi le comte de Falkenstein. Aurions-nous fait erreur? — Non, car, en 1777, Delcroc seul figurait sur la liste des maîtres-aubergistes de Versailles, tandis que Touchet n'était inscrit qu'au nombre des pâtissiers-traiteurs, prenant plus tard la qualité de baigneur. Et, d'autre part, deux actes du greffe de la Prévôté prouvent que, dès 1748 et au moins jusqu'en 1783, c'est un Delcroc qui tenait l'*Hôtel du Juste*. Cependant, le *Registre des logeurs*, ouvert au commencement de 1782, mentionne deux auberges distinctes rue du Vieux-Versailles, toutes deux bien fréquentées, dont l'une est tenue par Touchet, l'autre par Delcroc ; mais malheureusement il n'en indique pas les enseignes. Nous voici donc dans un fâcheux embarras : ou bien les documents officiels attribuant à Delcroc l'*Hôtel du Juste* sont erronés ; ou bien, contrairement à une tradition constante, Joseph II n'est pas descendu à l'*Hôtel du Juste*, mais chez Touchet, tenant à côté l'auberge de *l'Hôtel royal*, — ou bien enfin il y a confusion entre ces deux hôteliers exploitant peut-être en commun ces deux établissements contigus (n°s 4 et 6 de la rue du Vieux-Versailles). A l'appui de cette dernière hypothèse, on peut observer

---

(1) *Correspondance secrète de Mercy-Argenteau avec Joseph II*, t. Ier, p. 50 et suiv.

qu'il résulte de deux actes notariés (1) qu'Etienne Touchet était gendre d'un Delcroc, et qu'à la suite de mauvaises affaires, en 1786, il fit abandon de ses biens à son beau-père ou beau-frère, Jacques-Charles Delcroc, son principal créancier. Quoi qu'il en soit, il paraît certain qu'en 1781, l'empereur Joseph II a occupé, dans un hôtel garni tenu par Touchet, le même appartement qu'en 1777; et, en même temps, il semble bien établi que l'*Hôtel du Juste*, où il est descendu d'après tous les témoignages contemporains, était tenu par Delcroc et non par Touchet!

Ce second séjour du comte de Falkenstein fut d'ailleurs assez court et ne provoqua pas le même empressement que le premier. Joseph II n'avait amené à Versailles que deux domestiques et un employé de sa chancellerie, et l'on était blasé sur cette simplicité affectée. Le 5 août 1781, il quitta Versailles pour n'y plus revenir.

On est surpris pourtant de rencontrer sur le registre de police, à différentes reprises, notamment en janvier, mars, avril et juin 1784, mention d'un comte de Valkenstein (ou Valkinstin) logé à l'*Hôtel des Ambassadeurs*, chez Gournail, rue de la Chancellerie. Malgré l'orthographe fantaisiste de la déclaration de l'hôtelier, on reconnaît là, sans nul doute, le nom adopté par Joseph II dans ses voyages et provenant d'un de ses domaines particuliers. Serait-il donc encore revenu ainsi plusieurs fois secrètement à Versailles? — Sa correspondance avec la Reine et le comte de Mercy, se suivant sans interruption, ne permet pas de le supposer. Cet autre comte de Falkenstein devait donc probablement appartenir à une famille de barons allemands de ce nom, dont un descendant fut ministre en Saxe, il y a une trentaine d'années.

Si le public montra moins d'enthousiasme en 1781 qu'en 1777 pour l'empereur d'Autriche, en revanche, la curiosité fut vivement excitée en mai 1782 par l'arrivée du fils de l'impératrice Catherine de Russie, le grand-duc Paul, accompagné de sa jeune femme. Le comte et la comtesse du Nord — c'est sous ce nom qu'ils voyageaient — ne tenaient pas, comme Joseph II, à l'incognito et à la simplicité, et ils furent reçus en France avec les

---

(1) Archives de Seine-et-Oise. Registre des insinuations. 27 mars et 7 décembre 1786.

plus grands honneurs. On admirait leur faste et l'on disait qu'ils prodiguaient les millions en largesses et dépenses de tout genre. Aussi, le 18 mai, lorsqu'ils arrivèrent à Paris, furent-ils acclamés par une foule immense! Le surlendemain, 20 mai 1782, ils firent à Versailles une entrée solennelle. Le soir même, il y eut grand concert dans le salon de la Paix et illumination des jardins (1). On annonça en outre, pour le 22, spectacle de gala à l'Opéra du Château; on devait y jouer *Aline, reine de Golconde*, opéra-ballet de Sedaine et Monsigny, avec le concours des meilleurs chanteurs et danseurs de Paris.

Ici, le *Registre des entrées chez les logeurs* nous fournit de curieux renseignements. A partir du 19 mai, et surtout le 22, les hôtelleries versaillaises sont littéralement envahies par une foule brillante et singulièrement bigarrée. Comtes et comtesses, marquis et marquises y coudoient des chanteurs, danseurs et danseuses, si bien qu'en flânant dans les couloirs des meilleures auberges, les habitués des coulisses peuvent se croire transportés à l'Opéra.

La baronne d'Oberkirch, amie intime de la comtesse du Nord, raconte, dans ses *Mémoires*, qu'elle alla, le 22 mai, s'installer à Versailles, à l'*Hôtel des Ambassadeurs*. Nous savons que c'est la maison tenue par Gournail, rue de la Chancellerie (n° 18 actuellement). Or, le *Registre* nous apprend qu'elle s'y trouvait en curieuse compagnie : d'une part, le marquis de Jaucourt, maréchal de camp, ayant ses entrées à la chambre du Roi; le comte de Durfort, lieutenant général, grand-croix de Saint-Louis; la marquise de Louvois, le comte de Melfort, l'abbé de Florence, prieur de Clairmont de l'ordre de Cîteaux, et M. de Montyon, chancelier du comte d'Artois, fondateur, en cette année 1782, de son fameux prix de vertu; — et avec eux, la célèbre Guimard, affichant le luxe le plus tapageur; la jolie demoiselle Dorival, délicieuse dans les rôles d'Hébé et de l'Amour, mais aimant trop le champagne; deux jeunes danseuses moins célèbres, les demoiselles Lafond et Giardel, de l'Opéra, et enfin leur illustre professeur, Gardel, qui venait tout récemment d'être nommé

---

(1) Voir : *Mémoires de la baronne d'Oberkirch*, t. Ier, p. 195 et suiv., et *Le comte et la comtesse du Nord à Versailles en 1782*, par M. le comte Fleury (*Revue de l'Histoire de Versailles*, année 1902).

maître des ballets de la Cour. Si la baronne d'Oberkirch, choquée de cette promiscuité, avait quitté cette maison pour se loger, comme l'Empereur, à l'*Hôtel du Juste*, elle y aurait vu le comte de Bourbon-Chalus, ancien menin de Mgr le Dauphin, et le comte de Montézan, ministre plénipotentiaire du Roi près l'Electeur palatin, voisinant avec les demoiselles Saint-Hubert et Lubu, de l'Opéra, et le sieur Delaval, maître de ballets, chargé de régler celui qu'on allait danser au Château. Chez Lemiraux, place Dauphine, à *la Belle Image*, elle aurait rencontré les demoiselles Maillard, Moutard, Dionne et Chardinyer, ainsi que les chanteurs Prudhomme et Rousseau, tous de l'Opéra. A l'*Hôtel de Lannion*, tenu par Fortier, rue Satory, se pressait une troupe nombreuse de danseurs et danseuses, les Ducelle, De Borde, Le Roy, Daussion, Le Bel, Larin, Simonnet, le musicien Schutzmann, et, au milieu de ce monde bruyant, deux officiers des gardes du corps et le savant Ameilhon, membre de l'Institut, prenant seulement le titre de bibliothécaire de la ville de Paris. Pour trouver plus de calme, il aurait fallu aller dans une auberge de rang inférieur, chez Fresson, rue Satory, où se trouvaient seuls, en tête à tête, Parmentier, le bienfaisant propagateur de la pomme de terre, s'intitulant géographe, et Philidor, le grand musicien joueur d'échecs!

Les 23 et 24 mai, après la fête, beaucoup de ces visiteurs d'occasion retournèrent à Paris; mais ils revinrent à Versailles le 28, en plus grand nombre encore, pour la deuxième représentation de gala donnée en l'honneur du comte et de la comtesse du Nord. On joua le 29 mai, au Château, le bel opéra de Gluck, *Iphigénie en Aulide*, et le ballet-pantomime *Ninette à la Cour*. Mme d'Oberkirch, restée à l'*Hôtel des Ambassadeurs* du 22 au 25, y revint le 29 et y retrouva la même société mêlée : à côté de personnages de qualité, des mieux titrés, figuraient de nouveau, non sans éclat, Mlles Guimard, Dorival, Lafond et Giardet, accompagnées de Gardel. La Guimard devait sans doute danser dans le ballet d'*Iphigénie*, car, pour *Ninette à la Cour*, où elle avait eu tant de succès, elle venait d'être supplantée par la jolie Heinel, tendre fiancée du beau et volage Vestris. On racontait que celle-ci, entrée de désespoir dans un couvent, en était sortie tout exprès pour danser une dernière fois devant la Cour. Elle y eut un véritable triomphe. La Guimard eut-elle l'héroïsme de joindre ses applaudissements à ceux du public, ou bien s'empressa-t-elle de quitter la salle pour ne pas les entendre ? — Elle dut, en tout cas, trouver quelques consolations à l'*Hôtel des Ambassadeurs*, et, dès le lendemain, elle retournait à Paris.

Chez Delcroc, à l'*Hôtel du Juste*, les 28 et 29 mai, le comte de Montézan avait pour voisins : le marquis de Vergennes, récemment nommé ambassadeur à Venise; M. de Châteauvert, chef d'escadre; le marquis de Charras, inspecteur des maréchaussées; — et pour voisines : les deux sœurs Destrizay, danseuses de l'Opéra, et la belle Rosalie Duplant, tragédienne et cantatrice remarquable, qui eut un tel succès dans le rôle de Clytemnestre, que le Roi, peu de temps après, lui fit allouer 1,500 livres de pension avec le titre de chanteuse du théâtre de la Cour.

Dans la maison à côté, chez le baigneur Touchet, étaient logées les demoiselles Puizier, de l'Opéra, et, en même temps, se trouvaient le marquis d'Harcourt, le comte d'Apchon, lieutenant général; le chevalier Destouches, capitaine de vaisseau, commandeur de Saint-Louis, et, enfin, le célèbre prince de Ligne, courtisan tellement assidu auprès de la Reine, à Trianon, que l'on fit courir à son sujet des bruits calomnieux.

Le même jour, arrivaient chez Lemiraux, place Dauphine : le duc de Mailly, le chevalier de Saint-Léger, et Mlles de la Suze, Seville, Lacoste, Lainé et Lays, de l'Opéra.

Enfin, même encombrement aimable chez bien d'autres hôteliers de Versailles : rue Satory, chez Fortier, où se retrouvent les mêmes convives que la semaine précédente; chez Fresson, où, au contraire, Parmentier et Philidor sont remplacés par deux danseuses; chez Dercuty, où il y en a trois; rue de la Chancellerie, chez Billioux et chez Heuté, où sont logés plusieurs chanteurs de l'Académie royale; rue des Récollets, chez Meunier et Dupré, et jusque dans la rue de Maurepas, où Mlle Poussain, de la Comédie, s'est réfugiée chez le logeur Latour.

La représentation de gala du 29 mai 1782 fut la dernière à l'Opéra du Château. Mais d'autres fêtes suivirent, toujours en l'honneur du comte et de la comtesse du Nord, jusqu'au milieu de juin, attirant encore du monde à Versailles.

A la fin de juin, les Altesses impériales russes sont parties. Alors surviennent des réceptions, des naissances princières, des mariages, — autant d'occasions ou d'obligations de se montrer à la Cour. En décembre, à l'approche du jour de l'An, c'est, dans les hôtelleries versaillaises, un défilé de tous les fonctionnaires et officiers des maisons royales ou princières. Il serait fastidieux de copier ici les longues listes figurant sur le *Registre des logeurs*. Mentionnons seulement au passage, à l'*Hôtel des Ambassadeurs* : le marquis et la marquise de Travanet, le comte de Choiseul, le comte de Miromesnil, le marquis de Persan, chevalier d'honneur du comte d'Artois, le marquis de Molac, lieutenant général, M. de Caumartin, prévôt des marchands de Paris.

De même, chez Touchet, Delcroc et Lebreton, rue du Vieux-Versailles, on remarque plus de vingt noms connus, comme le prince de Hesse, la marquise de Caraman, le maréchal de Contades, le comte de Valence, etc...

Au milieu de nombre de gens plus vulgaires, l'attention est attirée par cette mention datée du 5 novembre 1782 : *le sieur Weber, de Vienne en Autriche, venu pour affaires,* avec un domestique, chez le logeur Casimir, rue Royale. Ce devait être Joseph Weber, frère de lait de la reine Marie-Antoinette. Il raconte, en effet, dans ses *Mémoires* (rédigés, dit-on, par le marquis de Lally-Tollendal), qu'il arriva de Vienne à la fin d'octobre 1782, fut reçu par la Reine qui l'accueillit avec bonté et lui fit allouer une gratification et une place de 1,000 écus.

XVIII

Dans le livre si intéressant et si bien documenté de M. Frantz Funck-Brentano, intitulé : *L'Affaire du Collier* (1), on lit que la fameuse comtesse Jeanne de la Motte, arrivée à Paris vers la fin de 1781, alla, peu de temps après, se loger à Versailles chez les époux Gobert, tenant deux ou trois chambres garnies place Dauphine, près de l'hôtel de *la Belle Image* où elle prenait ses repas. Le *Registre* n'en porte pas mention, mais le logeur Gobert déclare, en mars 1782, avoir pour locataire *l'abbé Bonard, chapelain de Madame d'Artois*. Le renseignement fourni par M. Funck-Brentano, d'après des documents authentiques, ne pouvant être

---

(1) *L'Affaire du Collier*, par Frantz Funck-Brentano (1 vol., Hachette, 1901), p. 110 et suiv.

COMTESSE DE LA MOTTE
Née à fontette le 22 Juillet

mis en doute, on peut imaginer combien l'intrigante comtesse dut profiter de sa rencontre avec le chapelain de Madame. Elle raconte elle-même, dans ses Mémoires (1), qu'elle fut présentée pour la première fois, *dans la chapelle de Versailles*, à Monseigneur comte d'Artois et à Madame, à qui *elle eut le bonheur de plaire*. La pension de 800 livres qui fut accordée alors à cette descendante des Valois lui vint donc peut-être de l'heureux hasard de ses relations, chez le logeur Gobert, avec l'abbé Bonard, aumônier de Madame d'Artois.

Un an après, à la date du 9 avril 1783, on trouve sur le *Registre : la comtesse de Valois de la Motte*, entrée chez Lemiraux, place Dauphine. C'est l'hôtel de *la Belle Image*, que nous connaissons déjà. M. Funck-Brentano en fait une description pittoresque, mais peut-être un peu fantaisiste : « Là, dit-il, grouille tout un monde de *solliciteurs de placets*, de gazetiers, d'officiers de fortune et de gardes du corps, mêlés à des colporteurs et à des maquignons. » En réalité, la maison Lemiraux était bien achalandée, mais pas si mal fréquentée. On se rappelle qu'en mai 1782, le duc de Mailly s'y trouvait avec d'élégantes artistes de l'Opéra. En avril 1783, la composition de la table d'hôte à laquelle la comtesse de la Motte venait prendre place était non moins honorable. On y rencontrait : le colonel comte de Linières, dont la femme allait être présentée à la Cour ; le conseiller Darnaudat, du Parlement de Navarre ; le capitaine de Laporte, du régiment Colonel-général ; Messieurs de Lescure (probablement parents du marquis), l'un prêtre de Paris, l'autre avocat ; l'abbé De Lort, de Paris ; M. de Villeneuve, avocat au Parlement ; le chirurgien-major des hussards de Bercheny ; M. Henry, officier du Roi, et sa femme ; M. de Saint-Victor, bourgeois de Paris, et trois ou quatre négociants de Lyon, de Nancy et de Paris. C'était une chambrée bien composée, et la comtesse dut, avec profit, y faire étalage de ses toilettes et parler de ses hautes relations. Elle n'en dit rien pourtant dans ses Mémoires, et prétend avoir demeuré pendant trois mois, de juin à septembre, à l'*Hôtel de Jouy*, rue des Récollets. Cependant, la veuve Meunier, qui tenait cet hôtel, ne fait aucune mention d'une dame de la Motte ou de

---

(1) *Vie de Jeanne de Saint-Rémy de Valois, ci-devant comtesse de la Motte*, écrite par elle-même (2 vol., an I), t. 1er, p. 256 et suiv.

Valois, dans ses déclarations au bureau de police. Il faut donc croire que notre aventurière a préféré, pour son récit, se dire à l'*Hôtel de Jouy*, plus aristocratique encore que l'hôtel de *la Belle Image*.

En revanche, en décembre 1783, on retrouve la trace certaine du séjour de Jeanne de la Motte chez une logeuse de pauvre apparence dont aucun historien n'a parlé, la femme Térolles, tenant trois chambres garnies rue de Marly, au coin de la Petite-Place, dans la maison d'un boulanger. Nous en avons la preuve, d'abord dans le *Registre des entrées*, puis dans le petit livret personnel de la femme Térolles (1), qui contiennent tous deux la même inscription concernant *la comtesse de Valois de la Motte*, entrée le 20 décembre et sortie le 27 décembre 1783. C'est justement à cette époque qu'elle imagina d'attirer l'attention sur elle en simulant, dans le Château même, une scène attendrissante. Elle attendait, son placet à la main, une audience de Madame Elisabeth; tout à coup, elle tombe en syncope, par suite d'inanition, murmure-t-elle. La princesse, prévenue immédiatement, s'émeut d'une telle misère, fait donner des secours à cette infortunée descendante d'une race illustre, lui remet 200 livres et la fait transporter à l'*Hôtel de Jouy*, rue des Récollets (n° 23 actuel). Le lendemain, Madame envoie son médecin prendre des nouvelles; la comtesse affirme qu'elle vient de faire une fausse couche et qu'elle a été saignée cinq fois. Le docteur la croit sur parole et lui prescrit les soins nécessaires. Cette comédie est si bien jouée que, par brevet du 18 janvier 1784, le Roi porte la pension allouée à Jeanne de Valois, de 800 livres à 1,500 livres.

Ce succès la met en goût, et elle recommence, en février 1784, à tomber en syncope, tantôt dans la galerie des Glaces, au moment du passage de la Reine, tantôt sur le pavé de la cour, juste devant le balcon de la famille royale. Mais on a des soupçons sur la sincérité de ses malaises, et elle est dénoncée comme une intrigante.

L'*Hôtel de Jouy* était alors occupé par des locataires nombreux fréquentant la Cour, qui avaient dû s'apercevoir des allures suspectes de la comtesse de la Motte. C'étaient, juste à

---

(1) Archives de Seine-et-Oise, série E, 3236, dossier Térolles.

cette époque, à la fin de décembre 1783 : le chevalier d'Entrecasteaux, capitaine de vaisseau ; le chevalier de Caumont, commandeur de Malte, admis à monter dans les carrosses du Roi et à le suivre à la chasse ; le baron de Saint-Julien, le comte de Barras, lieutenant général, bientôt grand-croix de Saint-Louis ; le chevalier de Dillon, officier de hussards, et autres. Puis, de plus, en janvier 1784 : le comte de Duras, le marquis de Civrac, officier de Mgr d'Artois ; le colonel vicomte de La Barte, M. de Bonneuil, premier valet de chambre de Mgr d'Artois ; le marquis Du Châtelet, le marquis de Choiseul, le marquis de Morant et autres encore. Il est à remarquer que la veuve Meunier, l'hôtelière, inscrivant et réitérant plusieurs fois, en décembre, janvier et février, ses déclarations au bureau de police, omet de mentionner parmi ses locataires la comtesse de la Motte, qui disparaît en lui laissant une note impayée de 500 écus.

En mai 1784, on retrouve l'indication d'une dame de la Motte logée à *la Belle Image*, mais c'est peut-être une homonyme ; puis, pourtant, quelques lignes plus loin, le 30 mai, dans le même hôtel, figure aussi le comte de la Motte. C'est alors que commence l'étrange intrigue organisée pour exploiter le vaniteux et crédule cardinal de Rohan. Le *Registre des entrées* contient, à l'année *1785*, une déclaration du logeur Gobert, place Dauphine, signalant que la comtesse de la Motte de Valois a demeuré chez lui du 15 juillet au 10 août. La date de l'année est évidemment inexacte, car, en juillet 1785, Jeanne de la Motte était depuis plusieurs mois rentrée à Paris, et le 6 août elle partait pour Bar-sur-Aube. La déclaration de Gobert était donc tardive et devait se reporter à l'année précédente. C'est bien, en effet, du 15 juillet au 10 août 1784 que notre aventurière trompe le cardinal en lui racontant ses entretiens journaliers avec la Reine, et lui fait passer les prétendues lettres signées de Marie-Antoinette. C'est le 10 ou 11 août que le comte de la Motte et Rétaux de Villette, son complice, amènent à Versailles la jolie fille recrutée par eux pour jouer la scène du bosquet où le cardinal espère toucher au comble du bonheur auprès de sa souveraine attendrie. La d'Oliva, coiffée, attifée comme il convient, par la comtesse elle-même, part avec elle pour le nocturne rendez-vous du Parc. L'hôtel de *la Belle Image* comme l'*Hôtel de Jouy* auraient été dangereux pour toutes ces manœuvres; il s'y trouvait trop de curieux; — les chambres garnies de Gobert étaient plus discrètes. Cependant, on est surpris de voir sur le *Registre des entrées*, à la date du 2 août 1784, l'indication de trois autres personnes logées chez Gobert : le chevalier de Malerme, le chevalier d'Ilier et la dame d'Erville. D'après ses autres déclarations, il semble que Gobert n'avait pas plus de deux ou trois chambres disponibles. Comment a-t-il pu loger à la fois tant de monde? Ces deux chevaliers et cette dame d'Erville seraient-ils donc, en réalité, de la Motte, Villette et la d'Oliva se présentant sous de faux noms? — Cette petite complication de la comédie ne serait pas sans intérêt. Par une coïncidence amusante, le même jour, 2 août 1784, chez un autre logeur, rue de Maurepas, descendait un comédien portant, comme la dame inconnue logée chez Gobert, le nom de théâtre d'*Erville*.

On sait le merveilleux effet produit sur le cardinal par l'entrevue nocturne du Parc, et la facilité avec laquelle il se laissa escroquer deux fois 60,000 livres que la comtesse devait, disait-elle, remettre à la Reine pour certains besoins urgents, mais qui recevaient une tout autre destination. Enfin, en janvier 1785, on arrive à l'affaire du Collier. Le cardinal est persuadé que la Reine meurt d'envie de posséder le superbe collier que lui a offert le joaillier Bœhmer, mais qu'elle n'ose pas en faire ouvertement la trop coûteuse acquisition. Il se décide à servir d'intermédiaire, et, ici, se place la scène maintes fois racontée. Le 1ᵉʳ février, le cardinal se fait remettre à Paris, par Bœhmer, le précieux bijou, et l'apporte à la comtesse de la Motte, dans sa chambre d'hôtel à Versailles. On lui fait croire à l'arrivée d'un messager de la Reine; il se cache dans l'alcôve de la comtesse et entrevoit le personnage à qui celle-ci remet avec respect le coffret contenant le collier. Le prétendu messager n'était autre que le compère Rétaux de Villette, et, quelques jours après, les diamants détachés du collier étaient vendus en Angleterre.

La scène du 1ᵉʳ février 1785 s'est-elle passée chez le logeur Gobert, comme le dit M. Funck-Brentano, ou chez Lemiraux, à *la Belle Image*, comme le dit M. Le Roi dans son *Histoire de Versailles?* — Notre Registre de police ne contient à cette date aucune mention, chez aucun logeur, de la comtesse de la Motte. Mais on y remarque l'indication d'un sieur *Auguste, orfèvre du*

Roi à Paris, arrivé chez Lemiraux le 1ᵉʳ février et parti le lendemain. Ne s'agirait-il pas d'*Auguste Bœhmer*, joaillier possesseur du fameux collier, qui n'aurait donné que son prénom à l'hôtelier pour ne pas éveiller l'attention? — Mais, alors, ne semble-t-il pas probable que ce commerçant prudent avait tenu à apporter lui-même de Paris son écrin, et à assister tout au moins à sa remise entre les mains du messager de la Reine, à laquelle il le savait destiné? Il en résulterait donc que la scène a dû se passer chez Lemiraux, où Auguste Bœhmer avait pris logement, et que celui-ci a été trompé comme le cardinal, dont la crédulité devient un peu plus excusable.

Quoi qu'il en soit, le 2 février, le tour était joué, les acteurs de cette comédie disparaissent tous de Versailles, et le drame qui va commencer, l'arrestation du cardinal, son procès, la condamnation de la comtesse de la Motte, ne se rattachent plus à l'histoire de nos hôtelleries versaillaises.

XIX

Durant cette même période, en 1783 et 1784, bien d'autres solliciteurs de tout genre s'étaient succédé chez les hôteliers de Versailles et nous sont révélés par le Registre de police.

En février 1783, on remarquait chez Touchet, rue du Vieux-Versailles : l'ambassadeur de Suède, l'évêque de Bayonne, l'évêque d'Angers, l'évêque d'Oléron. Chez Gournail, à *l'Hôtel des Ambassadeurs*, étaient : le prince de Hohenzollern, le comte et le marquis de Polignac, M. de Vandeuil, premier président de Toulouse, récemment nommé conseiller d'Etat; la comtesse de Soyecourt, le comte de Rieux, qui allait être admis à monter dans les carrosses du Roi et à le suivre à la chasse. Dans une maison plus modeste, chez Amagat, rue des Récollets (peut-être à *l'Image Notre-Dame*, n° 21 actuel), se rendent successivement, en mai 1783 : l'évêque d'Uzès, l'archevêque de Lyon, l'évêque de Rodez, l'archevêque d'Embrun. On voit que cet hôtel avait une pieuse clientèle!

Le 30 juin, chez le logeur Eckard (cité par nous à propos de la famille Mozart), demeurant maintenant rue de Maurepas et non plus rue du Vieux-Versailles, arrive M. de Beaumarchais, prenant la qualité d'*écuyer de main de Madame Adélaïde*. On est quelque peu surpris de ce titre déclaré au logeur par Beaumarchais, âgé de cinquante-un ans, qui depuis longtemps n'était plus le jeune familier du salon de Mesdames et qui poursuivait alors une entreprise théâtrale paraissant assez éloignée des fonctions d'écuyer de Madame Adélaïde. C'est, en effet, en juin 1783 que Beaumarchais avait obtenu, on n'a jamais su comment, l'autorisation inattendue de faire jouer à Versailles, sur le théâtre de la Cour, sa comédie du *Mariage de Figaro*, que le Roi avait hautement déclarée *injouable* quelques mois auparavant. Les comédiens français avaient, à la grande surprise de tout le monde, reçu l'ordre de répéter la pièce pour le service de Versailles, et la première représentation allait avoir lieu. Puis, tout à coup, le 14 juin, tout avait été contremandé et la pièce interdite. On disait que Beaumarchais, trompé par de vagues promesses de Monsieur et du comte d'Artois, y perdait 10,000 ou 12,000 livres qu'il avait payées de sa poche pour les frais des répétitions (1). C'était quinze jours après cette fâcheuse aventure que Beaumarchais venait prendre gîte à Versailles, non pas dans un des hôtels bien fréquentés qu'il devait connaître, mais chez un petit logeur isolé, dans une rue nouvelle à peu près déserte. Quel pouvait être son dessein? N'avait-il pas le projet de solliciter par de secrètes instances, une fois de plus, le retrait de l'interdiction prononcée contre sa pièce? Peut-être la qualité prise par lui, d'*écuyer de main de Madame Adélaïde*, permet-elle de supposer qu'il comptait user de l'influence de son ancienne protectrice. M. de Loménie dit que Beaumarchais, désespérant du succès, était parti à ce moment en Angleterre, et fut très surpris du revirement qui se produisit en sa faveur peu de temps après. La révélation de sa présence à Versailles, le 30 juin, tendrait à prouver qu'il ne fut pas si naïf, et que ce fut, au contraire, grâce à ses habiles manœuvres, combinées chez le logeur Eckard, que, le 3 septembre, le duc de Fronsac put écrire à La Ferté : « La Reine m'a dit que le Roi consentait à ce que le *Mariage de Figaro* fût joué à Gennevilliers vers le 18. » La fameuse comédie fut représentée, en

---

(1) Voir : *Beaumarchais et son temps*, par L. de Loménie, tome II, p. 306 et suiv., et *Correspondance de Grimm* (édition Tourneux), tome XIII, p. 322 et suiv.

effet, en septembre, chez M. de Vaudreuil, devant le comte d'Artois et toute la Cour. Elle ne tarda pas ensuite à être autorisée à la Comédie-Française, contrairement à l'avis du Lieutenant de police.

Malgré la rigueur extrême de l'hiver, en janvier, février, mars 1784, les personnages politiques affluent à Versailles. L'hôtelier Gournail déclare avoir chez lui, le 7 février : l'ambassadeur de Venise, l'ambassadeur de Naples, le prince de Hesse-Darmstadt, le lieutenant général comte de Rochambeau, le comte de Choiseul, ambassadeur à Constantinople, le marquis de Lusignan, le lieutenant général comte de Jumilhac, qui allait être nommé commandeur de Saint-Louis, et le comte de Durfort, venant remercier le Roi de sa nomination de ministre plénipotentiaire près le grand-duc de Toscane. En mars, la plupart de ces nobles clients s'y retrouvent encore avec d'autres.

Les 20 et 21 février, arrivent chez Lemiraux, place Dauphine : le comte de Tinténiac, le marquis de Kerhoent, le marquis de la Roche, la marquise de Boisse, le comte de Stuart. On doit reconnaître une fois de plus que cet hôtel de *la Belle Image* n'était pas mal habité.

Chez Touchet et chez Delcroc, rue du Vieux-Versailles, du 14 au 20 mars, on compte plus de trente noms connus. Enfin, en parcourant le Registre de police, à la lettre D, on constate, aux 26 et 27 mars, l'entrée de cinquante-sept personnes titrées chez les divers logeurs de la ville.

A cette même époque, apparaît à Versailles une solliciteuse particulièrement intéressante ; c'est Mme Roland, la célèbre amie des Girondins, qui s'était alors mis en tête d'obtenir des lettres de noblesse pour son mari, inspecteur du commerce à Amiens. En mars 1784, elle arrive à Paris et entreprend de se faire recommander à M. de Calonne, contrôleur général des Finances, chef suprême de Roland, afin qu'il propose cet anoblissement au ministre Vergennes [1]. Elle va pour cela à Versailles une première fois le 22 mars, puis y retourne le 4 avril et y prend une chambre à l'*Hôtel d'Elbeuf*. C'est une assez bonne auberge de

---

[1] Voir *Lettres de Mme Roland*, publiées par Cl. Perroud (1900-1902), tome Ier, p. 283 et suiv., et tome II, Appendices.

second ordre, tenue par Billioux, rue de la Chancellerie (n° 6 ou 8 actuel). Elle est habitée à ce moment par le marquis de La Rochelambert, officier aux gardes-françaises, admis dans les carrosses du Roi; le duc de Caylus, qui va épouser dans quelques jours Mlle de Mailly et dont le contrat sera signé le 8 avril par le Roi; plusieurs officiers de différentes armes, et enfin de petites gens, comme un caissier de province et un garçon tailleur. A la date exacte du 4 avril 1784, on trouve sur le Registre de police cette mention : *Roland de la Platrière, chez Billioux, rue de la Chancellerie*. On voit que Mme Roland, sans attendre les lettres de noblesse qu'elle venait solliciter, prenait déjà son titre *de la Platière*, changé en *Platrière* dans la déclaration de l'aubergiste. Elle était attirée à cet hôtel par un de ses amis d'Amiens qui y était déjà installé, Flesselles, inventeur ou importateur en France d'une machine à filer le coton, et prenant la qualité d'*entrepreneur de manufactures*. Cet industriel, avec lequel Roland paraît avoir eu une sorte d'association, était venu de son côté à Versailles solliciter aussi M. de Calonne pour un privilège d'exploitation de son procédé. Mme Roland et Flesselles, se prêtant un mutuel appui, se mettent en campagne. Le dimanche soir, 4 avril, dans sa chambre de l'*Hôtel d'Elbeuf*, Mme Roland écrit à son mari une charmante lettre, pleine d'esprit, où elle lui dépeint sa journée de solliciteuse à Versailles :

Me voilà donc, dit-elle en commençant, tout de bon solliciteuse et intrigante; c'est un bien sot métier! Mais enfin je le fais, et point à demi, car autrement il serait inutile de s'en mêler. J'ai vu beaucoup de gens et je ne suis pas encore plus avancée pour cela; j'ai eu des espérances charmantes, puis des craintes effroyables; définitivement, je demeure entre le zist et le zest, mais je fais des connaissances; voilà tout ce qu'il y a de réel. J'ai été ce matin voir M. Collart, au contrôle général; j'ai trouvé un grand gaillard, jeune et honnête, de bonne volonté, etc...

Puis elle s'est présentée chez une vieille femme, Mme de Candie, première femme de chambre de Madame Adélaïde; de là chez un M. de la Roche, homme d'importance, qui l'accueille avec beaucoup de politesse, mais « c'est un de ces profonds politiques à cœur d'acier, dont le front glacial ne s'est jamais ouvert au visage d'une femme ». Il la renvoie à M. Blondel et à Mme de Candie. Elle va ensuite faire sa cour à Mme d'Arbouville, « qui agira de son mieux ». Enfin elle termine par M. Faucon, « bon

Madame ROLAND

homme, excellent à cultiver parce qu'il peut beaucoup, et que c'est une tête ; mais cette tête, chaude et étroite en même temps, en s'intéressant à moi, n'a jamais pu comprendre mon affaire ; par ma foi, je crois qu'il avait trop dîné ».

Pendant que Mme Roland court ainsi, « le brave Flesselles fait feu des quatre pieds ». Puis on dîne ensemble, en compagnie d'un troisième solliciteur de connaissance, rencontré en route et ramené à l'*Hôtel d'Elbeuf;* c'est le peintre Dagoty, qui s'était logé en arrivant, le même jour 4 avril, chez Lecomte, boulevard de la Reine. Ce Dagoty ou d'Agoty (de son vrai nom, Gauthier) était le fils de Jacques Gauthier, qui s'était dit l'inventeur du procédé de gravure en couleurs, imaginé longtemps avant lui par Le Blond, et l'avait exploité sans scrupules. Mme Roland avait dû connaître cette famille par son père, graveur du comte d'Artois. Jean-Baptiste-André Gauthier, se disant chevalier d'Agoty, était peintre en même temps que graveur ; il avait fait les portraits de Mme Du Barry, puis de la reine Marie-Antoinette. Fort intrigant, il était toujours en quête de commandes ou de gratifications, et Mme Roland le juge ainsi : « Il est à la piste de tout, sans rien attraper ; mais il peut être bon à découvrir le gibier, et nous l'avons lâché pour éventer les traces. »

Cette longue lettre écrite le soir dans cette chambre d'auberge, après une journée de fatigue, se termine sur un ton plus triste :

> Si je te peignais, en détail, toutes ces têtes préoccupées de leurs intérêts propres, agissant pour les autres par des ressorts compliqués qu'il faut tirer à grand'peine, ce chaos d'affaires et de petites passions !... En vérité, c'est pitoyable et dégoûtant ! Me voilà jetée, je cours comme la boule qui a reçu son impulsion, et j'atteindrai Dieu sait où, peut-être à me casser le nez !
>
> ... Adieu, aie bien soin de ta santé, sur toute chose. Ma pauvre petite Eudora ! je ne vois plus ni toi, ni elle, ni bonne ; je suis toute seule ; adieu !

Le lendemain matin, 5 avril, ce petit accès de découragement est passé, et nos trois solliciteurs de l'*Hôtel d'Elbeuf* se remettent en campagne avec une égale ardeur.

Nous ignorons quel était le but poursuivi par Dagoty et s'il l'atteignit. Flesselles eut le bonheur d'intéresser à son entreprise M. de Calonne et le prince de Poix, et, par arrêt du Conseil du 18 mai 1784, il obtint un privilège de douze ans et 30,000 livres de gratification.

Quant à Mme Roland, elle écrit encore de l'*Hôtel d'Elbeuf*, le 5 avril, à son mari, une longue lettre lui expliquant qu'elle n'a rien obtenu de certain, lui demandant conseil, et lui disant qu'elle va provisoirement rentrer à Paris.

Le 1er mai, elle est de nouveau à Versailles, à son *Hôtel d'Elbeuf*, où elle retrouve Flesselles et M. de La Rochelambert, mais non Dagoty. Elle peut y lier connaissance avec les demoiselles d'Alègre, venues de Metz peut-être aussi en solliciteuses; la comtesse de Virieu, reçue à la Cour; le comte de Jaucourt, et M. de Chénier, chargé d'affaires du Roi au Maroc, père des deux Chénier, que Mme Roland connaîtra bientôt. Elle reçoit la visite de l'abbé Gloutier, familier du salon de Mme d'Arbouville, qui s'occupe de la recommander auprès de M. de Calonne. Enfin elle rencontre en chemin, courant aussi Versailles pour ses affaires, Joseph d'Antic, frère cadet de l'ami Bosc (1), dont on connaît la tendre affection pour elle. « Elle va, dit elle, remuer comme un lutin. » En attendant, à huit heures du soir, dans sa chambre d'auberge, elle termine ainsi sa lettre du 1er mai :

> Je me meurs de faim ; je vais manger et me coucher. Demain, à six heures sur pied, en petite coiffe toute plate, je vais courir les bureaux et *plzzleur la gente*. L'abbé doit venir me dire l'après-midi ce qu'aura répondu M. de Calonne.

Enfin, le 12 mai, revenant encore de passer deux ou trois jours à l'*Hôtel d'Elbeuf*, elle se plaint d'y avoir mal dormi, puis écrit à son hôtesse pour lui réclamer une lettre de six pages qu'elle l'avait chargée de mettre à la poste et qui n'est pas parvenue à Roland. Elle est furieuse de cette négligence et répète : « Ce maudit Versailles où les lettres qu'on fait se perdent. J'ai cela sur le cœur. »

Somme toute, Mme Roland n'obtint pas l'anoblissement de son mari, mais, ce qui valait mieux, lui fit avoir un bon avancement, car on lui donna la place d'inspecteur du commerce à Lyon.

---

(1) Voir, sur Bosc, les deux intéressants opuscules de M. A. Rey : *Le Naturaliste Bosc et les Girondins à Saint-Prix*, et *Le Naturaliste Bosc ; un Girondin herborisant*.

LA CHEVALIERE D'EON.

Née à Tonnerre le 5. 8.bre 1728.

Memoire pour Madame au 17
arrivé Le 28 De Janvier 1785
Le Soirs a Soupe
un plat de Royes.
pain & desserts .... 1# 10
une Boutelle de vein 18
12 piece de Bois 1 5
Le 29 a déjuné
une Boutelle de vein 3
pain 1 5
a dine pour La fame
de Chambre 3
12 piece de Bois 1 10
Le 30 a déjuné 3
une Boutelle de vein 1 5
un pain
a dine pour La fame de
Chambre 3
Le 31 un pain a déjuné 1
a dine pour La fame de
Chambre 3
12 piece de Bois 1
Le Soirs a Soupe 3
œufs au Beurre noir 1
pain 3
une Boutelle de vein 1 5
Le premier fevrier
a déjuné un pain 3
pour La fame de Chambre
a dine 1
Le 2 a déjuné pain 5
une Boutelle de vein
a dine pour La fame 1 5
6 nuits 24
                    ─────
                    49#. 0

Recu le montant du present
memoire de M.lle Dejou
      Le Milou

XX

En janvier 1785, nous retrouvons à Versailles la prétendue chevalière d'Eon, un peu vieillie, mais portant toujours crânement sa croix de Saint-Louis sur son corsage féminin. Elle s'installe à l'*Hôtel de Modène*, tenu par Lebreton, rue du Vieux-Versailles, et y fait un premier séjour d'une semaine avec sa femme de chambre, puis y revient, accompagnée de même, en février, mars et jusqu'en septembre 1785. Cet ex-capitaine de dragons, qui cause volontiers, et ne craint pas, malgré ses jupons, les anecdotes épicées, trouve à qui parler, car l'*Hôtel de Modène* est rempli de militaires menant joyeuse vie : en janvier, MM. de Monteil et de Montfleury, jeunes lieutenants aux gardes ; M. de Rafin, lieutenant-colonel du régiment de Savoie-Carignan ; le comte de Beaujeu, capitaine aux chasseurs des Vosges, et autres encore ; en février, le comte de Pontevès, capitaine au régiment de Corse ; M. de Férette, colonel du régiment de Nassau ; le comte et le baron de Cosnac, officiers de dragons ; le vicomte de Montausier, mestre de camp du régiment de Montmorency-dragons, etc.

Les notes détaillées, régulièrement acquittées par l'hôtelier Lebreton, montrent que Mlle d'Eon paye 24 livres pour six nuits, soit 4 livres par nuit, y compris sans doute le lit de sa femme de chambre. Le déjeuner lui coûte 3 livres, plus une bouteille de vin de 1 liv. 5 s. et un pain de 3 sous. Pour le souper, la chevalière se contente d'un plat d'œufs ou de poisson, qu'elle paye 1 livre ou 1 liv. 10 s., avec une bouteille de vin, un pain et un dessert de 15 à 18 sous. Quant aux dîners, les notes ne mentionnent que ceux de la femme de chambre, ce qui fait supposer que Mlle d'Eon dîne tous les jours en ville, chez ses amis de Versailles.

Vers la même époque, en février 1785, dans une auberge plus plébéienne, chez Bonnet, rue de la Paroisse (peut-être à l'enseigne du *Comte de Toulouse?*), on remarque le nom de Dorvigny, l'auteur dramatique, fils naturel, dit-on, de Louis XV, dont il est le portrait frappant [1]. Il vient sans doute voir sa

---

[1] Voir, sur Dorvigny : *Un Fils de Louis XV, auteur dramatique*, par P. Fromageot.

directrice et amie, la Montansier, surveiller les répétitions d'une de ses comédies; il s'inscrit sur le livre de l'hôtel avec la qualité de *bourgeois de Paris*.

En janvier, on trouve chez Amagat, rue des Récollets (à *l'Image Notre-Dame?*), le marquis de Tilly, chef de brigade des gardes du corps. Il revient en mars, mais alors, mécontent peut-être d'Amagat, il va se loger chez Billioux, rue de la Chancellerie, à cet *Hôtel d'Elbeuf* tant fréquenté l'année précédente par Mme Roland et ses amis. Le marquis vient voir son fils, admis depuis peu aux pages de la Reine, le jeune comte de Tilly, qui, plus tard, a raconté complaisamment dans ses *Mémoires* ses nombreuses bonnes fortunes à Versailles. On se rappelle pourtant qu'il était sévèrement interdit aux aubergistes, cafetiers et limonadiers de recevoir les pages. Le comte de Tilly rapporte néanmoins, entre autres aventures, qu'un soir, après avoir soupé au *Juste*, il fut accosté dans la rue du Vieux-Versailles par une timide beauté qui l'entraîna rue de l'Orangerie (1)...

Le 5 mars 1785, vient aussi se loger à l'*Hôtel d'Elbeuf* le baron de Batz, prenant la qualité de capitaine aux dragons de la Reine. C'est le futur conspirateur royaliste insaisissable, dont M. Lenôtre (2) a fait connaître l'étonnante histoire. Né en décembre 1761, il n'avait donc alors que vingt-trois ans, et était, paraît-il, fort inexact à son régiment, car son colonel, M. de Coigny, donnait sur lui, le 17 septembre 1784, la note suivante : « Je n'ai jamais vu M. de Batz au corps, et Monseigneur m'avait donné l'ordre de le mettre en prison s'il y venait. » Il aurait, en 1784, d'après M. Lenôtre, pris du service en Espagne avec la permission du Roi, et n'en serait revenu qu'en 1787. Mais ce jeune et hardi baron de Batz avait déjà le don d'ubiquité, car notre Registre de police prouve qu'en mars 1785 au moins, il était chez Billioux, rue de la Chancellerie, à Versailles.

Dans le courant d'août 1785, un adroit filou, nommé Duval, fut poursuivi pour avoir volé quantité de robes, jupes de soie, dentelles, qu'il avait trouvé moyen de vendre dans diverses auberges, en se faisant passer pour fripier-brocanteur. A cette

---

(1) *Mémoires du comte de Tilly*, tome Ier, p. 109 et suiv.
(2) *Un Conspirateur royaliste pendant la Terreur : le baron de Batz*, par G. Lenôtre.

occasion, le Prévôt fait citer devant lui, comme témoins, plusieurs aubergistes que nous apprenons ainsi à connaître : la femme Lepelletier, tenant au Grand-Montreuil l'hôtel de *la Croix blanche*; la femme Renout, tenant aussi à Montreuil l'hôtel de *la Grâce de Dieu*; le sieur Leroy, encore à Montreuil, au *Grand Salon royal*; le sieur Lemaire, limonadier, toujours à Montreuil; enfin les époux Revel, traiteurs rue Royale, au coin de l'avenue de Sceaux, à l'enseigne du *Coing d'or*, dont la maison fort bien fréquentée existe encore aujourd'hui.

Au mois de novembre, a lieu la réouverture du théâtre, et les petits logeurs qui en sont voisins reçoivent les comédiens, danseurs et musiciens appelés ainsi à Versailles. La rue de Maurepas, bâtie alors depuis peu d'années, semble avoir la spécialité de cette clientèle théâtrale, car on y compte au moins six ou sept logeurs, De Senne, Boitelle, Quidor, Latour, Perrin, La Motte et Corbet, qui, tous, déclarent avoir pour locataires des danseuses, actrices, musiciens de la troupe Montansier. Deux ou trois autres logeurs leur font concurrence, rue de la Paroisse et boulevard du Roi.

Le 18 décembre, Delcroc a une bonne aubaine pour son *Hôtel du Juste*; c'est chez lui que viennent se loger les députés des Etats du Languedoc.

Enfin, pour terminer l'année 1785, notons que, le 31 décembre, la délégation des poissardes de Paris, qui viennent sans doute présenter leurs hommages ou leurs doléances au Roi, prend ses logements chez Bouvier, rue des Récollets.

En janvier et février 1786, même affluence qu'à l'ordinaire dans les hôtels de Versailles, et cependant le fameux Touchet fait de mauvaises affaires. Il est réduit, en mars, à faire abandon de tous ses biens à ses créanciers, en tête desquels est son beau-frère et concurrent, Jacques Delcroc. Cet abandon ne suffit pas; il sollicite et obtient un délai de grâce d'une année pour payer l'excédent de son passif. Il s'en tire pourtant, car, jusqu'en 1789, on le retrouve recevant des clients de marque et rivalisant avec l'*Hôtel du Juste*, tenu toujours par Delcroc.

En février 1786, il faut signaler la brillante chambrée réunie chez un aubergiste dont nous n'avons pas encore parlé, Fougeas, demeurant rue du Vieux-Versailles, comme Touchet, Delcroc, Lebreton et autres, probablement à l'enseigne de l'*Hôtel de Brissac* (n° 26 actuel). Il reçoit, les 14 et 19 février : les comte et comtesse d'Hautefort, dont le contrat de mariage vient d'être signé par le Roi; le colonel marquis de Boisse, le colonel comte de Gouvernet, les deux comtes de Lameth, récemment nommés colonels à leur retour d'Amérique; le colonel marquis de Chastenay, gentilhomme d'honneur du comte d'Artois, dont la jeune femme a été présentée à Leurs Majestés; les comte et comtesse de La Tour du Pin, les duc et duchesse de Sully, le marquis de Crillon, décoré de l'ordre de la Toison d'or, célébré d'abord en prose et en vers, puis critiqué pour son insuccès à Gibraltar; le comte de Sabran, et autres encore. Le nouvel hôtelier Fougeas profite, comme on le voit, de la décadence passagère de son voisin Touchet.

Lebreton, à l'*Hôtel de Modène*, en profite aussi, car au même moment, le 18 février, arrivent chez lui : le marquis de Saint-Simon, maréchal de camp; le marquis de La Tour du Pin-Montauban, le colonel de Férette et d'autres officiers supérieurs. Chez Billioux, le même jour, ce sont : le marquis et la marquise de Saint-Aignan, le baron de Sainte-Croix, la comtesse de Gibertez, présentée à Leurs Majestés; le capitaine de Campan. Enfin, chez Gournail, encore le 18 février, ce sont : le comte de Rochambeau, le colonel comte de Choiseul, le conseiller d'État Tolozan, intendant du commerce; la comtesse d'Hinnisdal, la comtesse de Séez, le conseiller d'État de Fourqueux, le marquis de Chastellux, le comte de Marconnay, admis aux carrosses du Roi et suivant les chasses, et deux officiers des gardes-françaises.

En avril 1786, on remarque sur la liste des locataires de Billioux, à l'*Hôtel d'Elbeuf*, le nom de Mirabeau. Serait-ce le grand orateur révolutionnaire, venant se loger justement à l'auberge choisie précédemment par Mme Roland et par le père des Chénier? — Ce ne doit être que son parent, car il prend seulement le titre de chevalier.

Le 27 mai 1786, un petit logeur nommé Daulnay, demeurant dans l'impasse des Glacières, au bout de la rue de Maurepas, dans le quartier du théâtre, déclare avoir pour pensionnaire Kreutzer, musicien de la musique du Roi. C'est le compositeur devenu plus tard illustre, Rodolphe Kreutzer, auteur de plus de trente opéras qui eurent de grands succès jadis. Agé alors de vingt ans, attaché à l'orchestre du théâtre, il était besogneux et endetté, malgré son talent précoce et la protection de la Reine. Son logeur dut même avoir quelque peine à se faire payer, car nous savons qu'en janvier 1787, ses appointements furent saisis.

Enfin, de juillet à septembre 1786, se tiennent à Paris, un lit de justice auquel sont convoqués tous les membres du Parlement de Bordeaux, puis une assemblée du clergé. Les magistrats et les dignitaires de l'Eglise profitent de l'occasion pour venir à Versailles, et l'on voit arriver chez Gournail, Fougeas, Lebreton et Lemiraux, presque en même temps : l'archevêque de Lyon, l'évêque de Perpignan, l'évêque de Nîmes, l'évêque de Béziers, l'évêque de Rodez, l'évêque de Guines, etc.

XXI

A partir de la fin de 1786, les événements politiques se précipitent. Ils seront bientôt désastreux pour la ville de Versailles et ses hôtelleries, mais pendant deux années encore, ils sont une magnifique source de profits.

C'est d'abord l'Assemblée des Notables qui se tient à Versailles, de février à fin mai 1787. Les députés sont forcés de se loger dans la ville même, car il leur serait impossible de venir chaque jour de Paris. Ils se casent donc comme ils peuvent, jusque chez les plus modestes logeurs, et tous les hôtels sont vite encombrés. Le 3 février, entrent chez Gournail, à l'*Hôtel des Ambassadeurs*, dix présidents, procureurs généraux ou avocats généraux. Chez Lebreton et Billioux vont surtout les députés du Midi; chez Delcroc, les Alsaciens et les Lorrains.

A peine, en juin, les Notables commencent-ils à se séparer, que surgissent d'interminables débats avec le Parlement de Paris. Des négociations difficiles appellent à tout instant les présidents ou les gens du Roi à Versailles. Puis on parle d'une assemblée des princes et pairs pour délibérer sur l'opportunité d'une convocation des Etats généraux. En novembre 1787, une nombreuse députation du Parlement se rend à Versailles. Hommes politiques, magistrats, militaires en congé affluent, du 24 au 28 novembre, chez Delcroc, Fougeas, Lebreton, Gournail et Lemiraux.

A la même date, le 24 novembre, nous revoyons à Versailles M. de Beaumarchais, logé, non plus chez Eckard, rue de Maurepas, mais dans une auberge de médiocre apparence tenue par Simonet, avenue de Sceaux, à l'enseigne de *la Fleur de Lys*. Il ne prend pas, cette fois, la qualité d'écuyer de Madame Adélaïde, et il est difficile de dire quelle est l'entreprise qu'il poursuit à Versailles. Rappelons seulement qu'il était alors engagé dans une polémique des plus vives contre l'avocat Bergasse, au sujet de l'affaire Kornman, qui passionnait l'opinion publique.

En 1788, deuxième Assemblée des Notables. Il y a un tel encombrement dans les hôtels que la surveillance y est difficile, et la municipalité versaillaise institue un comité spécial chargé de s'enquérir, auprès des personnes logées en garni, des plaintes qu'elles peuvent avoir à formuler. Trois réponses adressées à ce comité sont tombées entre nos mains (1) et elles sont toutes les trois en faveur des logeurs versaillais. La première, du comte de Rochambeau, logé selon son habitude à l'*Hôtel des Ambassadeurs*, atteste qu'il est « très content du logement qu'il occupe chez la veuve Gournail ». Les deux autres, signées des présidents de Boisgibault et de Pollinchove, témoignent de la même satisfaction chez d'autres logeurs.

La police s'inquiétait aussi de la foule de gens inconnus qui se pressaient à Versailles, et, le 24 juillet 1788, le Lieutenant de police Clos adressait à MM. les officiers de la Prévôté de l'Hôtel une lettre (2) les informant qu'il avait reçu du Garde des Sceaux l'ordre de l'instruire exactement de toutes les personnes séjournant à Versailles, et il réclamait en conséquence l'envoi, chaque jour, d'un état complet des entrées chez les hôteliers.

D'autre part, la Communauté des aubergistes, cafetiers, limonadiers et marchands de vins n'entendait pas renoncer à ses privilèges, et, le 14 février 1789, en assemblée générale, elle prenait une délibération en vue de réprimer certaines fraudes commises au préjudice de ses droits (3). Il était ordonné à tous ceux ayant obtenu leur admission à la maîtrise de produire leur diplôme et leur *quittance de la finance* au bureau de la

---

(1) Coll. pers.
(2) Arch. nat., O¹ 3705.
(3) Arch. de Seine-et-Oise. Bailliage. Pièces du greffe, liasse 973.

Communauté, rue Montbauron, maison du sieur Vétillard. Il était interdit d'avoir plus d'une boutique sans faire de déclaration, de prendre aucun garçon non muni du certificat du bureau de la Communauté, de changer de domicile sans en faire déclaration, etc. Cette délibération, homologuée le 27 février par la Cour, était signée du syndic Vallet, maître-limonadier, de Bayvet, Fontaine, Revel (du *Coing d'or*), Amaury (du *Pavillon royal*), Midroit, Gambier, Rimbault (fondateur de l'*Hôtel du Grand Réservoir*, rue des Réservoirs) et autres membres de la Communauté.

Nous sommes ainsi arrivés à la veille de la réunion des Etats généraux. La foule augmente encore à Versailles. Ce ne sont pas seulement les sept cents députés qu'il faut héberger, mais tous les politiciens ou simples curieux attirés par le spectacle nouveau de cette grande assemblée.

Où et comment se logèrent les personnages qui sont, par la suite, devenus célèbres pendant la Révolution? — Nous n'avons plus à notre disposition de *Registre des logeurs*, mais seulement une sorte d'almanach publié en août 1789, annonçant les *Noms et demeures de MM. les Députés à l'Assemblée nationale*. La liste n'en est pas complète et les indications en sont insuffisantes pour nous, parce que, le plus souvent, on n'y mentionne pas les noms ni les enseignes des aubergistes. Il semble d'ailleurs que le plus grand nombre des députés furent logés, par voie de réquisition, chez des particuliers. Voici, à peu près, les seules mentions qu'on trouve concernant nos hôtelleries :

A l'*Hôtel du Juste*, demeurent quatre députés du Béarn, sans notoriété, le baron de Noyelles, député de Lille, fervent royaliste, et deux cultivateurs des environs de Paris ;

Chez Touchet : l'évêque de Lescar, le marquis et le comte de Crillon et le baron de Wimpffen ;

A l'*Hôtel des Ambassadeurs* : sept députés de la noblesse, le comte de Toulouse-Lautrec, maréchal de camp, mort en émigration en 1794 ; le Premier Président marquis de Grosbois, qui émigra aussi en 1791 ; le chevalier de Barville, officier aux gardes, et autres ;

A l'*Hôtel de Modène* : le marquis de Saint-Simon ;

A l'*Hôtel d'Elbeuf* : le remuant baron de Batz, déjà rencontré en 1785, mais prenant en 1789 le titre de Grand Sénéchal de Nérac;

A l'*Hôtel de Jouy* : quatre Bretons obscurs et un représentant de Saint-Domingue;

A *la Belle-Image* : un avocat de Bazas et quatre Normands, dont deux cultivateurs et deux procureurs du Roi, qui n'eurent aucune célébrité;

Au *Coing d'or* : deux avocats de Limoges;

Au *Cheval blanc*, rue Royale : deux Toulousains et deux avocats de Nancy;

A l'*Hôtel de Conti*, rue de la Paroisse : deux députés de la noblesse;

A l'*Hôtel Fortisson*, rue des Bons-Enfants : l'archevêque d'Arles, le comte de Montcalm et le marquis d'Upac de Badens, députés de Carcassonne; le marquis de Laqueuille et Auvynet, député du tiers état du Poitou;

A l'ancien *Hôtel de la Guerre*, rue de la Chancellerie : le marquis d'Estourmel, MM. de Courteille et de Gouy d'Arsy;

A la *Grande Fontaine*, rue de Paris : un conseiller normand;

A la *Brasserie royale*, avenue de Paris : trois députés du Beaujolais, dont un curé, un avocat et un cultivateur;

Au *Campagnard*, rue de l'Orangerie, et à *Saint-Nicolas*, rue des Chantiers, d'autres encore qui n'ont pas marqué davantage.

En revanche, des noms illustres sont mentionnés avec de simples adresses, sans indication d'enseignes ni de noms d'aubergistes :

Mirabeau, rue de l'Orangerie, 37 (n° 60 actuel);

Bailly, avenue de Paris, 4;

Pétion, rue Saint-Honoré, 18 (n° 43 actuel);

La Fayette, hôtel de Noailles, rue de la Pompe, 24;

Boissy d'Anglas, rue Mademoiselle, maison Antin;

La Révellière-Lépeaux et Volney, ensemble rue de la Paroisse, 66 (n° 26 actuel);

Barnave, rue de Noailles, 5 (n° 12 actuel), etc...

Enfin, nous savons que, dans une auberge de la rue de l'Etang, à l'enseigne du *Renard*, au n° 16 d'alors (rue Duplessis, n° 31 actuellement), se logèrent cinq députés de l'Artois, dont quatre cultivateurs et un petit avocat d'Arras nommé M. de Robespierre, qui leur servait de guide. Ils allaient ensemble chaque

jour à l'autre bout de la rue, dans la maison d'angle de la rue de la Pompe et de l'avenue de Saint-Cloud, chez le cafetier Amaury, citoyen important de Versailles. C'était le rendez-vous des libéraux ; ce fut d'abord ce qu'on nomma le *Club breton*, parce que c'étaient des députés de Bretagne qui s'étaient réunis les premiers à cet endroit, puis ce devint le berceau de la *Société des Amis de la Constitution*, et plus tard, à Paris, le *Club des Jacobins*. Mirabeau trônait au café Amaury, dominant de sa grosse voix le tumulte des discussions et des conversations particulières. Il y exposa, dit-on, pour la première fois, son plan de réformes. M. Le Roi, l'excellent historien de Versailles, disait avoir connu plusieurs vieux habitants de la ville qui se rappelaient avoir entendu le fougueux tribun chez Amaury. On montre encore maintenant, dans ce café transformé en brasserie, la place où se tenait habituellement Mirabeau, et l'on raconte qu'un ancien avocat versaillais, il y a une cinquantaine d'années, affectait de s'y asseoir quotidiennement.

Robespierre, sortant de son auberge du *Renard*, suivait assidûment les séances du *Club breton*, mais prenait peu de part aux discussions ; il se réservait.

Nous n'avons pas ici à refaire l'histoire de Versailles pendant l'année 1789. Sans avoir besoin de rappeler les grands événements qui s'y sont succédé, on doit bien penser que le café Amaury ne fut pas seul à recevoir de nombreux consommateurs, et que, du mois de mai au mois d'octobre, auberges et cabarets ne durent pas désemplir. Les prix s'élevaient en conséquence, et un petit lit pour une nuit coûtait cher. Un *faiseur de bas* d'Avignon, venu à Paris en 1789, a raconté sa visite à Versailles avec deux de ses amis (1). Le 16 août, ils allèrent coucher à l'auberge de l'ancien *Hôtel de la Guerre*, rue de la Chancellerie. On leur donna une seule chambre contenant trois lits, et on leur fit payer 3 livres par lit, soit 9 livres pour la chambre.

Mais c'étaient les derniers beaux jours des hôtelleries de l'ancien Versailles. En octobre 1789, après le départ de la Cour et de l'Assemblée nationale, auberges, cafés et cabarets durent se vider bien vite, et la détresse arrive.

(1) *Voyage à Paris, en 1789, de Martin, faiseur de bas d'Avignon*, publié par Charpenne, Avignon, 1889.

Le 28 octobre, sur le rapport d'un sergent de la garde bourgeoise, le commissaire de police Lefèvre dresse procès-verbal contre Maugard, cabaretier au coin de la rue des Récollets et de la rue de la Chancellerie, pour avoir reçu des consommateurs après dix heures du soir, et il l'assigne devant le bailli. La contravention est certaine, mais Maugard répond que le loyer qu'il a à payer ne lui permet pas de renvoyer des clients, et le bailli ne le condamne pas.

Le 28 janvier 1790, La Fayette adresse aux municipaux versaillais une supplique apostillée par Berthier, au nom du sieur Cottenot, maître-limonadier, qui sollicite la place de portier de la Mairie (1).

Enfin, le 13 avril 1790, la Communauté des aubergistes et limonadiers de Versailles prend la délibération suivante, qui témoigne à la fois de ses louables sentiments de charité et de la misère qui frappe beaucoup de ses membres (2) :

<blockquote>
L'an 1790, le mardi 13 avril, dix heures du matin, les marchands de vins, aubergistes et limonadiers de la ville de Versailles, convoqués et réunis en la vieille Eglise, ayant pris connaissance des comptes et des fonds existant en la Communauté, animés du même esprit de fraternité et de bienfaisance, ont unanimement arrêté qu'il serait disposé d'une somme de 3,000 livres, prise sur l'économie de son administration, pour être distribuée par des commissaires nommés, savoir : 1,800 livres en mai, juin et juillet prochain, à ceux des membres de la Communauté qui, *par défaut de commerce depuis le départ de la Cour*, se trouvent réduits à des besoins urgents, et 1,200 livres pour distribuer du pain, pendant le cours des susdits mois, aux pauvres les plus indigents de la ville, afin d'alléger le poids de leur misère.
</blockquote>

Cette délibération, signée du syndic Gouffet et de son adjoint, le cafetier Amaury, est envoyée à la Municipalité, qui répond en ces termes :

<blockquote>
Messieurs, la Municipalité ne peut voir qu'avec la plus vive satisfaction l'acte de générosité et de bienfaisance dont vous lui faites part. Elle applaudit à la sensibilité et à la sagesse qui en ont dicté les dispositions; et elle espère que l'exemple donné par vous, Messieurs, trouvera des imitateurs dans les autres corporations de la ville.
</blockquote>

Quelques mois après, en 1791, la Communauté des aubergistes et limonadiers avait, comme les autres, cessé d'exister.

---

(1) Coll. pers.
(2) Bibliothèque de la ville de Versailles, IL j 10 FB.

Son dernier syndic, Vallet, rendait ses comptes, d'où résultait un solde actif en caisse de 1,426 livres, ce qui attestait la prospérité de la corporation et la bonne gestion de ses syndics. Une communauté similaire, celle des traiteurs-rôtisseurs-pâtissiers, était moins fortunée; elle soldait ses comptes par un déficit de 8 livres 14 sous. Dans l'inventaire estimatif des objets mobiliers garnissant le bureau de la Communauté des aubergistes, on remarque : des flambeaux en cuivre argenté, vingt-quatre chaises et le fauteuil en paille du syndic, des tapis, une tenture de coutil fleurdelisée, plusieurs portraits et un Christ dans un cadre doré; — enfin, *un cachet d'argent sur lequel est gravé trois fleurs de lis et Communauté des marchands de vin, aubergistes et limonadiers de Versailles, estimé : 3 livres.* Qu'est devenu cet intéressant souvenir ? — Il était malheureusement en argent, ce qui fait douter de sa conservation !

XXII

Quel a été le sort des hôtelleries célèbres dont nous avons eu à parler ?

L'*Hôtel du Juste* a subsisté sous la Révolution, en modifiant un peu son enseigne. Le buste de Louis XIII disparut évidemment de la façade, et le citoyen Bienvenu, successeur des Delcroc, imagina d'inscrire le mot *aubergiste* après celui de *Juste*, de sorte qu'on put lire *Hôtel du Juste aubergiste*. C'est ainsi que la maison est désignée dans l'interrogatoire de Jules-Armand Quethenor, prince de Rohan-Rochefort, incarcéré en 1793, comme suspect (1). Il racontait qu'arrivant de Paris, il s'était logé à Versailles, au *Juste aubergiste*, et s'y était rencontré avec cinq autres voyageurs, en compagnie desquels il était allé le lendemain s'enrôler dans le 2ᵉ escadron des volontaires de Versailles. Ce pauvre jeune homme, âgé de vingt-quatre ans, était condamné d'avance par son nom et par son titre de prince. Il fut guillotiné le 29 prairial an II.

En 1804, l'auberge *du Juste*, tenue par Bienvenu, figure encore dans le *Cicerone* de Versailles. En 1808 et 1809, on en

(1) Arch. nat., W 389. Tribunal révolutionnaire : affaire Admiral.

trouve encore mention dans certains actes, mais elle doit décliner, car on voit qu'un serrurier y a installé son domicile. Sous la Restauration, elle a disparu.

Les hôtels, si fréquentés naguère, de Touchet, de Lebreton et de Fougeas, rue du Vieux-Versailles, de Gournail, rue de la Chancellerie, tombent rapidement et n'existent plus en 1804.

L'auberge de *la Belle Image*, illustrée par l'affaire du Collier, survit encore en 1804, tenue par Lemaître, successeur de Lemiraux, mais elle ne tarde pas ensuite à disparaître.

L'*Hôtel d'Elbeuf*, fréquenté par Mme Roland, dure plus longtemps. On le trouve mentionné en 1804, 1824 et 1832, toujours tenu, rue de la Chancellerie, par un sieur Martin, qui paraît avoir succédé directement, dès 1789, à la veuve Billioux.

Quelques anciennes maisons moins célèbres ont survécu jusqu'à nos jours avec leurs vieilles enseignes, comme *la Grande Fontaine*, rue de la Paroisse; *le Cheval blanc*, *le Sabot d'or*, *le Chariot d'or*, ceux-ci autour du Marché; *le Coing d'or*, avenue de Sceaux; *le Comte de Toulouse*, rue de la Paroisse, disparu seulement depuis peu d'années. Enfin, depuis 1788 tout au moins, un sieur Rimbault tenait un café avec chambres garnies, rue des Réservoirs. Peut-être était-il déjà le successeur d'un nommé Gautier, logeur, mentionné au Registre de police, en 1783, comme demeurant, de même, rue des Réservoirs, sans que nous puissions en identifier plus complètement l'adresse? En 1794, l'hôtel du Gouvernement ayant été vendu, Rimbault en profita pour y installer largement un important hôtel garni à l'enseigne du *Grand Réservoir*. Mieux situé et plus confortable que les auberges de la rue du Vieux-Versailles, ce nouvel hôtel attira bientôt à lui la meilleure clientèle. Dès 1802, un petit ouvrage anonyme intitulé: *Un Voyage à Versailles*, moitié en prose, moitié en vers, dans le genre du *Voyage* de Chapelle et Bachaumont, décrivait de façon amusante l'hôtel Rimbault, en vantait la cuisine et la cave, en se plaignant toutefois de « l'enflure » de la carte à payer. Le *Cicerone* de 1804 donne encore l'adresse de Rimbault, à l'enseigne du *Grand Réservoir*, rue des Réservoirs, n° 12. Puis, en 1824, dans la *Nouvelle Description de Versailles*, c'est devenu le *Grand Hôtel des Réservoirs*, déjà fréquenté par les têtes couronnées.

Mais n'allons pas plus loin, ce serait de l'histoire moderne!

Avec le xviii° siècle doit finir cet essai de Notice sur les hôtelleries, cafés et cabarets de l'ancien Versailles. Le sujet était déjà trop vaste, et nous ne l'avons pas épuisé, car, pendant plus d'un siècle, les voyageurs du monde entier se succédèrent dans ces vieilles auberges. Aussi rencontrera-t-on certainement des anecdotes intéressantes, des détails curieux qui auraient dû prendre place dans cette étude. D'heureux chercheurs pourront donc encore trouver plus d'une page à écrire sur ce même sujet.

Fin.

Versailles. — Imprimerie Aubert, 6, avenue de Sceaux.

www.ingramcontent.com/pod-product-compliance
Lightning Source LLC
Chambersburg PA
CBHW070526100426
42743CB00010B/1974